增订本

百年共和之义

刘小枫 著

华东师范大学出版社

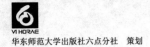
华东师范大学出版社六点分社 策划

古典教育基金·"传德"资助项目

关注中国问题
重铸中国故事

缘　　起

在思想史上,"犹太人"一直作为一个"问题"横贯在我们的面前,成为人们众多问题的思考线索。在当下三千年未有之大变局中,最突显的是"中国人"也已成为一个"问题",摆在世界面前,成为众说纷纭的对象。随着中国的崛起强盛,这个问题将日趋突出、尖锐。无论你是什么立场,这是未来几代人必须承受且重负的。究其因,简言之:中国人站起来了!

百年来,中国人"落后挨打"的切肤经验,使我们许多人确信一个"普世神话":中国"东亚病夫"的身子骨只能从西方的"药铺"抓药,方可自信长大成人。于是,我们在技术进步中选择了"被奴役",我们在绝对的娱乐化中接受"民主",我们在大众的唾沫中享受"自由"。今日乃是技术图景之世界,我们所拥有的东西比任何一个时代要多,但我们丢失的东西也不会比任何一个时代少。我们站起来的身子结实了,但我们的头颅依旧无法昂起。

中国有个神话,叫《西游记》。说的是师徒四人,历尽劫波,赴西天"取经"之事。这个神话的"微言大义":取经不易,一路上,妖魔鬼怪,层出不穷;取真经更难,征途中,真真假假,迷惑不绝。当下之中国实乃在"取经"之途,正所谓"敢问路在何方"?

取"经"自然为了念"经",念经当然为了修成"正果"。问题是:我们渴望修成的"正果"是什么?我们需要什么"经"?从哪里"取经"?取什么"经"?念什么"经"?这自然攸关我们这个国家崛起之旅、我们这个民族复兴之路。

清理、辨析我们的思想食谱,在纷繁的思想光谱中,寻找中国人的"底色",重铸中国的"故事",关注中国的"问题",这是我们所期待的,也是"六点评论"旨趣所在。

点 点
2011.8.10

Contents 目录

001 增订本说明

001 [初版]弁言

引论五篇

003 毛泽东与中国的"国家理由"

011 科耶夫与毛泽东

017 风流人物古难数

024 当代的文史

029 康有为有如一面镜子

新中国与政治史学

045 谁能使中国恢复"大国"地位

090 如何认识百年共和的历史含义

120 智深勇沉的革命文人

141 我们为什么有必要学习古代世界历史

开放时代的政治德性

175 负薪救火　立此存照

233 以改革开放的名义

243 历史中的隐情

270 走出伤痕思维

增订本说明

  这部短论集记录了笔者随学界晚近二十年的发展一同成长的文字经历,初版于甲午战争百二十年之际。借重版的机会,笔者增补了晚近的三篇文章和一篇访谈。

2018 年 12 月

古典文明研究工作坊

[初版]弁言

时逢辛亥革命百年之际,笔者先后写了两本小书(《共和与经纶》和《设计共和》),分别研读二十世纪的中国智识人熊十力和十八世纪的法国智识人卢梭。这本小书收集了自2009年以来的若干短文,既为先前两本讨论民主共和思想的小书作脚注,也为将来的历史思考留下备查的文献。

甲午年秋

# 引论五篇

毛泽东与中国的"国家理由"*

这个发言题目不是我选的,而是会议主题的设计者非要我讲的。坦率说,我并不愿意讲这个题目。但议题设计者是朋友,而且我没法反驳他的理由:他说我多年来一直在研究毛泽东与现代中国。的确,我做过一点儿研究,但我不愿意谈,因为自己的研究还不成熟。而且,如今一谈这个题目,如果你不从自由派角度来一通批判,就会被看作"新左派"。

不过,最终促使我还是决定谈这个题目的原因,恰恰是由于有这样的顾虑。我并不担心民主派文人的围攻,而是忧心要么新左派、要么自由派的教条主义会有碍我们研究"毛泽东与现代中国"这个题目——我们需要摆脱的恰恰是这样

---

* 本文为笔者在《开放时代》学刊 2009 年年会上的发言提纲,年会于 11 月底在广州白云山举行,发言提纲刊于《开放时代》2010 年第 1 期。

的教条主义。

有人马上会说,你不可能没有自己的着眼点——没错,我有兴趣尝试的是,从**古典学问的着眼点**来看毛泽东与现代中国这一大问题。我先用两个例子来简要说明什么叫做"古典学问的着眼点",然后马上转入正题。

古希腊-罗马的伟大纪事作家,从希罗多德、修昔底德、色诺芬到撒路斯特、塔西佗,实际上都是当时的政治哲人,他们的纪事作品(如今称为"史书")都是研究自己所处的时代发生的**政治事变**。他们绝非仅仅在纪事,而是以一种如今可以称为"古典政治哲学"的眼光来认识刚刚发生的历史事件。

我想尝试的是,用他们的观察视角来看我自己经历的时代发生的**政治事变**——这就是我所说的"古典学问的着眼点"。其次,我们知道,晚清学人意识到,中国如今面临的是"三千年未有之大变局"。在我看来,这场变局的实际含义关键在于两点:1. 中国的政制传统面临前所未有的挑战;2. 中国面临从未面对过的国际政治格局。但晚清学人——尤其**廖平、康有为**面对这一变局的思考,无不以中国传统古典学问为基础。这就是我所说的"古典学问的着眼点",他们并未掉进后来从现代西方涌入的各种"主义"的陷阱。

1898年7月,也就是法国大革命一百周年之际,康有为给皇上进呈了一篇"法国革命记",在进呈"序"中,康子一上来就说:

> 昔孔子读《诗》至"殷士肤敏,灌将于京",乃掩卷而叹曰:"大哉!天命无常,故君子不可不戒惧,黎民不可不劝勉。"臣读各国史,至法国革命之际,君民争祸之剧,未尝不掩卷而流涕也。①

按照施米特的看法,现代国际政治格局形成的开端是法国大革命,这意味着:第一,西方的政制传统面临前所未有的挑战;第二,拿破仑的征战拉开了西方国家也从未面对过的国际政治格局的帷幕。由此来看,中国学人面临这一局面并不太晚,但康有为的问题感觉仍然来自孔子,如今我们会觉得实在过于迂腐。可是,仅凭这一句,我们可以看到,康子用孔子的"君子不可不戒惧,黎民不可不劝勉"这一感叹来对应法国大革命,何其切中肯綮!

如果要研究毛泽东与现代中国这一大课题,应该以晚清学人的古典意识为基点——邹谠教授的长文"论中共政党国家的形成与基础"就以康有为1895年的上书起头。② 毛泽东面临的中国问题明显承接自晚清志士,这就是中国面临从未面对过的制度挑战和国际政治格局。

可是,清末民初的中国志士谁个不是如此,毛泽东并没有什么特别——当毛泽东进入领导中国革命的位置时,他以

---

① 汤志均编,《康有为政论集》[上],中华书局1981,页308。
② 参见邹谠,《中国革命再阐释》,香港:牛津大学出版社2002。

诗词这一古典方式表达了自己对中国在未来国际政治格局中的位置的想象,这就是著名的词句:"一截遗欧,一截赠美,一截还中国"(据说在六十年代才改为"一截还东国",理由是"不能忘记日本人民")。

中国是亚洲最早建立**民主宪政**的国家,然而,早产的民主宪政把中国带入军阀割据的**内战状态**——孙中山领导的革命针对的是所谓伪民主宪政。但反过来也可以说,孙的革命破坏了已然建立的宪政秩序,断送了**第一共和**。事实上,随后出现的军阀割据乱局以及日本帝国乘机蚕食中国,都是二次革命导致的结果,甚至为"汉奸"论提供了现实依据:汪精卫宣称,日本人是来帮助我们结束内战,因为我们自己没能力结束内战状态。

值得对比这样的史实:第一次欧战爆发时,中国作为主权国家已经面临介入国际冲突的抉择问题,并最终选择了参战——派出了数百人的工兵部队。人数虽少,国家角色却不小。然而,第二次欧战爆发时,中国却处于内战和外敌入侵的双重煎熬,气都缓不过来。

毛泽东在**内战状态**中仍然不忘中国在未来国际政治格局中的位置,表明他所领导的中国革命不仅是要整合已然分裂的中国。完成中国的基本统一之后,毛泽东对中国在国际政治格局中如何定位的考虑成了他首要的**政治关切**。七十年代初与美国的和谈因台湾问题陷入僵局时,毛泽东的一句话充分反映了这一点:"台湾事小,世界事大。"

战略重点的转变,在我看来始于差不多六十年前朝鲜半岛上爆发的那场突如其来的战争。现在已经清楚的是,这场战争并非毛泽东所愿的,他的当务之急是统一中国。美国强势介入使得战争态势突然发生逆转后,毛泽东决定积极介入的决心越来越强。① 第一次战役后,东欧社会主义国家一片欢腾,东德总理跑上大街,把自己的帽子抛向天空。

朝鲜半岛战争之后,毛泽东的两个大举动实际都与他对中国占据世界战略位置的想象有关:五十年代末的大跃进"超英赶美",其实是晚清洋务派就曾梦想过的目的;六十年代中期发动"文化大革命",与支援所谓"世界革命"的目的联系在一起。1965 年 3 月,毛泽东重上井冈山决志发动"文革"之前,在武昌梅岭闭门 1 月,首先审度的是国际局势——打破"冷战"格局的战略意图就在这里形成。②

所谓"冷战"绝非仅仅是美苏两个"雅尔塔协议"的最大受益国之间的直接对抗,而是苏联操控或挟持的"共产党和工人党"国家集团与美国操控或挟持的"联合国"集团之间的国际对抗。面对这一政治格局,毛泽东的国际战略与他的内战战略原则基本上一脉相承:第一,跳到外线作战,自主开辟新的战场;第二,农村包围城市变成了贫穷国家包围富豪

---

① 参见师哲,《在历史伟人身边》,李海文整理,中央文献出版社1991。
② 参见马社香,《前奏:毛泽东 1965 年重上井冈山》,中国当代出版社 2006,页 10—14。

国家——支援亚非拉。如今学界所乐道的毛泽东为中国打开的新世界格局,的确与这一重大战略行动有直接关系,或者说属于这一战略行动的直接战果之一。

令人感兴趣的问题来了:毛泽东在成功建立**第二共和**以后的两次与中国占据世界战略位置有关的行动,都以建立"公社"为直接的政治诉求——而"公社"作为政制理念恰恰是现代西方的政制想象,而且与法国大革命有实质性的内在关联。

让我们把视野重新拉回清末民初,或者说用清末民初康有为的问题意识来看"文化大革命"之后的中国,我们可以问这样两个问题:首先,中国所面临的前所未有的制度挑战化解了吗? 第二,中国在从未面对过的国际政治格局中找到自己的恰当位置了吗? 从**皇权政制**经**民国宪政**(**第一共和**)和内乱及外敌入侵,毛泽东成功建立起**第二共和**,并不意味着制度挑战得到化解。否则,不仅中国政制传统中的优良成分将一笔勾销,第二共和的建立者的抱负也被打上了一个大问号。我们不能忘记,第二共和建立之前,毛泽东曾经以古典方式再次表达了自己的**政治意志**:"数风流人物还看今朝"。

中国在国际政治格局中找到自己的恰当位置了吗? 毛泽东替中国找到的位置是:划分三个世界,然后站在第三世界一边。现在看起来,我们固然可以说,这是**阶级冲突政治论**在国际政治斗争中的翻版。当时的处境是,从第二次世界大战中得到实际政治利益的强权国家正在继续角逐世界政治的领导权,毛泽东的实际政治战略继铁托的南斯拉夫之后突破了意识形态外衣,从冷战外线切入国际政治战场,其战略意识正是第三世界国家的民族自立诉求。冷战结束意味着美苏两个超级强权国家分享政治领导权的政治格局解体,新一轮争取政治领导权的国际冲突格局开始形成。可是,冷战格局被打破,不是美国的强权压过了俄国的强权,而是中国在毛泽东带领下争取民族国家自立打破了冷战格局。民族自立是强有力的政治原则,与美国的普世价值形成竞争格局。

冷战后期社会主义阵营内部的自由经济运动和政治民主运动的确是东方阵线崩溃的内在原因之一,但这一内在原因的原因,又恰恰是为了国家真正能够自立,尽管表面上看,似乎是自由主义的政治理念使得苏联丧失了国际政治的领导权。民族自立原则是关键,但是,这一原则的运载工具却是马克思的政治原理:民族自立作为"国家理由"与一种普世主义的解放理论结合在一起。

在中国作为民族国家的生死存亡时刻,毛泽东的阶级冲突政治论历史具体地表现为具有民族风格的政治哲学。毛泽东强调的阶级同构型是政治的潜在因素的偶在形式。毛泽东的大量著述具有历史处境性质(康有为何不如此!),如果不把毛泽东政治哲学中潜在的和偶在的要素划分清楚,就不可能恰切地理解毛泽东。如果不理解所谓"共产党的哲学,就是斗争的哲学"不过是其历史偶在形式,就不可能懂得他为什么要发动国内的"人民战争"或党内的路线斗争。

毛泽东领导的第二次革命激发我们重新思考清末民初的中国问题意识:政治与伦理、国内政治与国际政治的关系,自由民主与民族国家的政治领导权的关系。

毛泽东最终赋予中国的"国家理由"究竟是什么?他的新制度想象与新方式的关系究竟如何?康有为的"君子不可不戒惧,黎民不可不劝勉"这一感叹用来对应第二共和建立后的两次革命行动(大跃进和"文革")恰当吗?

这是我给自己出的思考题。会议主席说,我的发言已经超时,只能讲到这里。

谢谢各位。

科耶夫与毛泽东[*]

——研读科耶夫《法国国是纲要》的一种尝试

这个题目显得哗众取宠——难道科耶夫与毛泽东有什么关系?的确,要是谈论毛泽东与科耶夫,就有点儿过分了,但如果谈论的是科耶夫与毛泽东,就是一个严肃的话题。

也许毛泽东并不知道科耶夫,但科耶夫肯定知道毛泽东。首先,科耶夫肯定读过施米特的《游击队理论》,因为科耶夫把施米特看成唯一还在想大问题的德国学者,一直关注施米特的新著。其次,科耶夫去世前一年"密访"过"文革"初期的中国,尽管我们没法看到相关档案材料,访问本身表明,他对毛泽东的中国有兴趣。

因此值得问一个问题:为什么科耶夫会对毛泽东的中国感兴趣?

---

[*] 本文是笔者在上海世纪观察院举办的"科耶夫与世界秩序研讨会"(2009年4月)上的发言提纲。

毛泽东发动的"文化大革命"不仅让西方的左派大为振奋,恐怕也让毛泽东自己大为振奋:他竟然能开始引领西方的现代演化方式。对于"文化大革命",我们的思考视野迄今仍然局限于中国自身,但毛泽东发动"文化大革命"却很可能出于国际战略的考虑。一直致力于重建欧洲的科耶夫看到毛泽东的举动,也许会觉得"心有灵犀一点通"。

在哪一点上相通?

我们知道,当时国际政治的基本格局是二战结局划定的,美英和苏俄主宰了国际战略格局。法国和中国虽然都是战胜国,却在雅尔塔会议上没有发言权——对中国来说,雅尔塔会议无异于又一次巴黎和会。

然而,中国大陆的内战刚刚结束,一个偶然的机遇就让毛泽东不得不**迎战美国**。从此,毛泽东的抱负的重心从中国转为国际:摆脱苏俄和美国两个新帝国的制约。这种处境恰好是科耶夫提交给戴高乐的《法国国是纲要》①的基本出发点:"一个孤立的法国只能在两个彼此对立的帝国之间选择其一。"(页12—13)

科耶夫在二战结束时提交的《法国国是纲要》的抱负,与毛泽东的抱负在如下这一点上相一致:关切法国作为曾经的"大国"在新的国际战略格局中的处境问题。

---

① 见邱立波编译,《科耶夫的新拉丁帝国》,北京:华夏出版社2008(以下随文注页码)。

如果这一点能够成立,那么,就需要考虑科耶夫和毛泽东的政治抱负的**思想史基础**:科耶夫的思想背景来自黑格尔的普遍秩序构想,毛泽东的思想背景至少**从观念上讲**与此相关。在《法国国是纲要》的引言中,科耶夫提到法国的两大危险:来自德国复苏的危险和来自美英与苏俄交战的危险。在科耶夫看来,第二个危险固然为时尚早,"还不是非常明确",却是"真正的致命"危险(页4),它使得法国将要承受的创伤不仅是经济上的,而且涉及"文明本身"。正是这个"文明本身",会在**深切的层次**上触及毛泽东的抱负。

正是基于"文明本身"的旨趣,我尝试这样的阅读科耶夫《法国国是纲要》的方式:从毛泽东的文明视野和政治行动来考验科耶夫在1945年提出的构想。我相信,倘若科耶夫活到今天,他一定会把毛泽东的中国纳入他的论述框架。

科耶夫的《法国国是纲要》从"历史境况"谈起,视野一下子拉长了数百年——科耶夫要谈的是法国的当前"国是",起点却是与欧洲"中世纪晚期"的转折相媲美的现代性历史转折。对于毛泽东来说,并没有这个可与"中世纪晚期"的转折相媲美的历史时刻,但他正置身于中国文明的"具有决定性意义的历史转折"。

科耶夫的考虑不仅具有战略意识和眼光,而且他思考的并非是现代性的**既成形态**——民族国家形态,而是新的"由加盟的民族国家"构成的"帝国性"联盟。从而,他的考虑明显带有文明自觉意识。在晚清时期,中国的战略思想家如康有为、梁启超想的都是中国如何从帝国性的国家转变为民族国家,从而处于科耶夫所说的"现代社会的开局"阶段。尽管如此,至少康有为并没有忘记中国这个国家所承载的"文明本身"。

我们都知道,在晚清以前,中国并没有一种国际性的政治观念视野,而这样的视野西方人早在古希腊的古典时期就已经有了(如希罗多德的《原史》)。民国初期的学人虽然已经具有国际政治观念,但由于第一次巴黎和会以降,中国一直处于局促的国际政治处境和内战状态,中国的国际性政治观念根本没法立足。毛泽东完成中国大陆的统一以后,对新中国的文明想象才开始逐渐形成自己的国际政治观念。不用说,毛泽东的文明视野与康梁已经非常不同,根本差异在于,毛泽东已经从马克思主义那里获得了一个全新的普世文明构想。尽管如此,康有为与毛泽东之间,仍然有一条*内在的文明史线索*。

科耶夫提出的新"帝国性"联盟及其文明意识和眼光,显然来自黑格尔的观念,因为他说,"黑格尔意义上的世界精神已经抛弃了民族国家"(页9)。我们知道,黑格尔的《法权哲学》与他的《世界历史哲学》有紧密的关系。从这一点来看,科耶夫对毛泽东的第二次革命抱有极大兴趣,就在情理之中了。

在接下来的论述中,科耶夫以德意志的第三帝国为例,说明民族性国家与"帝国性功业"之间存在着内在矛盾。换言之,"帝国性功业"具有文明性质,民族性国家则并非如此。科耶夫说,早在中世纪中叶,德意志人就在追求"帝国性功业",由于不具备"现实的基础",这样的追求注定只会是"一个乌托邦"(页6)。尽管如此,由于承载了欧洲文明的抱负,这样的追求本身值得肯定和继承。如今,"现实的基础"已经出现,"乌托邦"也就可以从空想变为现实。

可是,科耶夫的思考立场完全基于黑格尔式的现代性构想,从而置换了欧洲文明传统的基质。要挑战科耶夫的思考立场,就得挑战黑格尔式的现代文明构想,这就会牵涉到更为棘手的思想史问题。

事实上,科耶夫的现代文明立场已经受到严峻挑战——施特劳斯在《论僭政》中提出的挑战。不过,我们在此很难展开这一挑战引发的论争(参见施特劳斯《论僭政》中所附的科耶夫的评论文章以及施特劳斯的回复),只能从科耶夫已有的既定现代文明立场来理解他的国际战略观,并在此视域中来考虑毛泽东的国际战略构想。

最后,我想回顾古希腊第一位幸存的纪事作家希罗多德在《原史》中的一句话,它为我们阅读科耶夫提供了仍然有效的提示:

> ……我探究过人间大大小小的城邦。从前曾经伟大的城邦,如今有许多已经变得渺小,在我的时代强盛

> 的城邦,过去却微不足道。由于我相信,人间的飞黄腾达决不会在此留驻,我将一视同仁地来忆述大小城国(的命运)。
>
> ——希罗多德《原史》1.5.3—4

科耶夫在《法国国是纲要》中说:

> 英美人、德意志人和斯拉夫人都没有占有,并且也不会占有以法兰西民族为首的拉丁民族已经给予文明世界并且还将继续给予文明世界的那些东西。(页13)

我们可以恰当地把这里的"拉丁民族"换成"中华民族",这样一来,当我们研读科耶夫的这篇报告时,就会自然而然联想到我们自己的**文明危机**问题。

风流人物古难数

1860年,刚当选总统不久的林肯就遇到一场历史性的**国家分裂危机**。林肯果敢地决定:动用武力捍卫国家的统一和完整。林肯天生热爱和平,然而,他不得不把自己的国民们"引入一场伟大的战争"……

雅法继《分裂之家危机》后积四十年之功完成的《自由的新生:林肯与内战的来临》,①即围绕林肯发动这场内战的**政治决断**为研究主题。作者用了说明性的副题"林肯与内战的来临"还不够,在扉页又特别醒目地用了一句近乎战争动员令的话:"于是,战争来了。"

假若我们在今天面临林肯的处境,一定会听到各种凭据

---

① 雅法,《分裂之家危机》,韩锐译、赵雪纲校,华东师范大学出版社2007;雅法,《自由的新生:林肯与内战的来临》,谭安奎译、赵雪纲校,华东师范大学出版社2008。

自由、民主、平等一类**道义理据**反对内战的呼声,甚至要求诉诸全民公决,似乎林肯没有面对过这样的呼声和诉求。雅法的这部五十万字大著让我们面对这样的问题:林肯为什么以及**如何凭据**自由、民主、平等的道义理据发动克制分裂国家的内战,为什么**全民公决**(或"大游行"之类)并不能对政治上的大是大非作出正确表决。

林肯采用武力捍卫国家的统一和完整,在当时和后来都不是没有争议。雅法为林肯发动内战辩护,并非仅仅是在为捍卫国家统一和完整的内战辩护。林肯作出动武的政治决断时,随即在国内引发激烈政治纷争——换言之,内战开打之前,就已经爆发一场**政治思想的内战**。由于这场思想内战涉及 1860 年选举中出现的奴隶制与自由之间的决战性冲突,其历史意义就不是随后的那场实际的内战涵盖得了的。

雅法的研究没有如一般的史学著作那样就事论事,而是将两场内战勾连起来,由此深入审视美国**国父们的**政治学识和道德修养。深入到何种程度?深入到西方文明的两大传统:圣经传统和苏格拉底政治哲学传统。

雅法断定,林肯通过**莎士比亚**接续了苏格拉底政治哲学传统,从而,雅法得以从**杰斐逊和卡尔霍恩经莎士比亚和但丁**上溯至亚里士多德和柏拉图,在丰富而广阔的政治哲学史背景上来辨析林肯发动内战这一重大历史事件。史书写到这种地步,让人叹为观止!

雅法这部大著问世后,好评如潮。但也有业内人士指出,此书其实不容易读懂。① 坦率说,笔者也没读懂,下面不妨综述若干评说,供读者阅读时参考。

时光已经逝去近一个半世纪,林肯的政治智慧对后来者的资治意义仍然蔽而未明。即便在西方学界,政治上的智愚之分不仅没有长进,反而更加模糊不清。举例来说,在被强行拖入现代化进程的初期,强权列国一再夹击、切割贫弱的中国,即便在中国人印象中一向颇善的美国也如此:太平洋战事爆发之前,为了避免与日交战、让东亚永无宁日,美国与日本签署秘密协议,认可日本永久占据东三省,此其一也。在雅尔塔会议上,为了换取俄国出兵东亚以减轻美国对付日本时所承受的压力,美国认可俄国对中国北方领地的切割,此其二也。战后,日本明明是战败国,美国竟然将中国的岛屿交日本托管,使得中国人觉得再次遭受 1919 年在巴黎和会上的遭遇,此其三也。

两年前,有两位欧洲学者出版了一本从"欧洲学者的眼光"分析两岸关系的专著。② 中国的国家统一问题本来是中国受欺凌的历史遗留下来的,让人惊讶的是,在这两位欧洲学者笔下,这一问题的解决迄今仍受美日夹击制肘似乎理所当然,不言而喻到无需讨论的地步,让人觉得,19 世纪以来

---

① 参见刘小枫/陈少明主编,《美德可教吗?》("经典与解释"辑刊第 9 辑)中的评论文章,北京:华夏出版社,2006。
② Jean-Pierre Caestan / Benoit Vermander,《两岸关系:利氏研究报告》,巴黎,2006。

强权国家夹击中国的状况并没有根本改变。

中国是**否用武力解决**自家内的分裂图谋根本没有欧洲人参言的份，他们却提交了《利氏研究报告》……有人说学术无疆界，好罢，这份《利氏研究报告》的学术性如何？不先研究一下雅法提交的这份研究林肯发动内战的报告，就免谈什么学术性。

林肯当选总统时接手的是一个襁褓中的新国家——尼克松访华时，笔者正在读高中，记得当时传达过一句毛主席的"最高指示"：美国是有希望的国家。那个时候，我们每天都在学习"敌人一天天烂下去，我们一天天好起来"。现在毛主席突然说美国"有希望……"什么意思？当时不懂、现在也不懂……

如今有业内人士人说，读读雅法这本书就会明白，因为他说：

> 从古代城邦终结一直到美国革命，对政治义务的典型理解就是把它视为权威自上而下的运动——从上帝到皇帝或国王，再从皇帝或国王到他的封臣，再到他们的臣民……在《独立宣言》中，这种序列被颠倒过来了：所有合法权威都派生于对权利的行使，这些权利乃是造物主平等赋予每一个人的灵魂的。一个人没有任何固有义务服从任何自己未曾同意的权威。

了不起的壮举!平等作为一项基本政治原则,苏格拉底之前的古希腊自然哲人就已经提出来了(参见 Antiphon, *fr.* 44),可惜一直没能实现,直到新大陆上的革命……据业内人士说,毛泽东心里可能清楚美国革命的历史意义,因为他说,自己一生的要绩是领导了两次革命:第一次革命完成了辛亥革命没有进行到底的事业,使得中国从古代帝制到现代共和的转型最终得以完成。第二次革命则是赶超美国——不仅要在钢铁工业上赶超,还要在革命的"平等"观念上赶超……

是不是这样呢,听见这类说法笔者当然不敢冒然肯定。倘若如此,林肯当年的处境就非常值得回味。因为,要是像雅法所说的那样,林肯不认为平等的革命意味着让自由人受奴役以便让奴隶获得平等,那他怎样实现或实现什么样的"平等"观念呢?换言之,雅法怎样评价林肯这位历史人物或者说理解他的意图呢?

据美国学界的知情人士说,雅法这部大著有这样一个高远抱负:探究和把握能用来衡量林肯之所以堪称伟大的真正尺度。就此而言,以美国革命的宪政原则为背景,通过从政治哲学角度分析林肯发动内战的政治决断,雅法打了一场历史意义更为深远的思想性的世界战争。因为,这场战争争夺的战略高地乃是人类政治生活基本原则的立足之地,从而涉及到各个置身于不同文明传统的国家。

通过剖析林肯的演说辞和论辩辞来展开论析,本书形式上就像是在着意承接以史为鉴的西方古典史书笔法(希罗多德、修昔底德、色诺芬、塔西佗),细腻的史学触觉与审辩的哲学意识水乳交融。在雅法笔下,由于有了林肯,美国这个"有希望的"新国家便成了承接和挽救西方文明的土地。

倘若如此,我们就难免一问:雅法怎么可以做到这一点?

雅法没有讳言,自己是施特劳斯教授教出来的。施特劳斯教的什么?不外乎西方古典政治哲学的历代大书及其与现代政治问题的关系:《自然正确与历史》以评说《独立宣言》中的一段话起兴,绝非偶然。正是在这本书里,我们不难发现雅法审视林肯时所依托的学识。

中国年逾千祀,从政治制度的观念形态上讲一向稳如泰山,百年来却几度摇摇欲坠,根本难题在于:如何建立一个有希望的"新"中国。因此不难理解,为何在并不很长的历史时段中,中国学人遇到了不多但也着实不算少的风流人物需要作出道德—政治哲学的评价。

并不奇怪的是,无论"阴谋术"的"低"论(未闻"圣人审其势而应之以权"),还是新左派的"高"论(未闻"万世之间其政之不变"),都不能令人信服。因为,要找到衡量风流人物的政治哲学尺度实在太难。毕竟,我们面临的是"被颠倒过来了"的政治正当性。毕竟,哲人心志天生高远,一旦哲人也成了意志坚定的实践政治家,其意图就更高远得让人无从把握。只不过,站得很低的我们仍然会想:难道重温公羊—穀梁法理真的已经不足以权变,非得像雅法那样先读破西方古典政治哲学的历代大书,才能把握用来衡量新中国国父们的政治哲学尺度?

以上不过综合别家评论的说法,是否如此,不便断言,还得读者用自家眼光去读……

当代的文史

雅法的《分裂之家危机》成于 1958 年,这本书研究的那场政治论争刚好过去百年——说得贴近些,就好比国朝学界有人写了一本研究晚清新政时期发生的一场政治论辩的书。显然,在我们这里,如此研究类型的书属于史学。但在我们这里,倘若谁真的写了一本这样的书,恐怕会遭到史学界的否定——这哪是史学做法!

我们的"史学"如今是按西方十九世纪开始形成的"历史学"来衡量和型塑的,早在上个世纪三十至四十年代,我们的"新史学"已经很现代化——社会科学化。新时期以来,"史学"与"国际"接轨的步伐也不慢,很快与更为新派的人类学接上了轨。

西方的古学中没有"史学"——西方古学中有形形色色的文史,但很难说是现代所谓的"史学"。不然的话,在"史学"刚刚冒出来的十九世纪,尼采怎么会写"论史学对人生的利与弊"这样的**不合时宜**的沉思?尼采不晓得西方有希罗多德、修昔底德、色诺芬?不知道珀律比俄斯、李维、塔西佗?作为古典语文学家,尼采当然熟悉这些**古典文史**。既然如此,尼采何以还要攻击现代的"史学"?

这个问题笔者迄今没搞懂,从百年来迄今我国任何一位"史学祭酒"那里也找不到解答,只好不了了之。

我国古学中很早就有"史学"这个名称,但古代的"史学"与从现代西方学来的"史学"不是一回事。唐代的科举考试项目设立了"史科",其制度设计的论证是:

> 三史为书,劝善惩恶,亚于六经。比来**史学**都废,至有身处班列,而朝廷旧章莫能知者。(《新唐书·选举志》上)

在这里,文史处于**辅经**的位置。看来,不通经也就无从治史。既然如此,我们如果不说经史不分家是"反动",就没法说变经学为史学是历史"进步"。

在我们的现代初期,王韬作《普法战纪》、《扶桑游记》,黄遵宪作《日本国志》、《日本杂事诗》,王先谦作《日本源流考》,康有为作《法国革命记》,都还多少可以看到一些古典文史的风范。自从"天演论"式的**历史社会学或社会学的史学**占据主流,文史的味道就变了。新时期以来,我们以为,历史社会学式的史学要不得,有"历史决定论"的毛病,跟着美国学界的意识形态论题搞史学才是正道,其实不过是换成了"自由民主"决定论。于是,我们很快有了古代知识分子史、市民社会史、民间小传统文化史……

雅法教授当时就置身于这种现代"自由民主"决定论的史学氛围之中,为了与这种史学划清界限,他宣称自己是从"政治哲学"来研究"林肯—道格拉斯"的那场百年前的论辩。按雅法的博导对"政治哲学"的界定,如此研究路向显得是要回到西方古典文史的路数,即通过解析历史上的事件来探究什么是**好的**政治制度和政治德性。美国的历史很短,在研究"林肯—道格拉斯"论辩时,雅法把柏拉图《王制》中苏格拉底与忒拉绪马霍斯的论辩设定为基本的参照框架,无异在走文史辅经的老路。

为了与**现代的**史学相区别,古典的"史学"不妨称为"文史"学——孟子所谓"其事则齐桓晋文,其文则史","其义则丘窃取之"。无"文"则无"史",古来如此,不然何以有"辞多则史"、"文胜质则史"的说法?既然"捷敏辩给,繁于文采,则见以为史",那么说到底,所谓"史"实际上原初就是一种**书写方式**。

然而,夫子一出,为史之"文"发生了**质变**,成为一种高韬的、不同于纪事的"笔法",即蕴涵"义"的"文"。我国的古典"史"(学)就奠基于这显"义"之"文":"义者,宜也,舜之所察,周公之所思。"

雅法把苏格拉底之*所察*、柏拉图之*所思*用于"文"林肯—道格拉斯论辩之史,就好像是在学咱们的夫子把"义"用于"文"史,从而致力于"先正王而系万事"。"义"恐怕不能被等于西文所谓的 natural right,因为"利者,义之和,变而通之以尽利",需要"察於人伦";但"义"又不可能与所谓 natural right 完全没关系,毋宁说,"义"把 natural right 与春秋"万事"连接起来,倒相当于 political right。

取"义"的"文史"自古相当"难言"。"难言"之处并非首先因为要对君王说清楚什么是"义"很难(当然很难),毋宁说,良好的政治生活秩序实际上很难,这个"难"中西方有史以来概莫能外。既然现代—后现代史学自以为解决了这个"难"或者因为太难而放弃了这个"难",雅法也就不便再与史学专业的科班大师们无谓纠缠。他干脆说,我搞的不是"史学"。尽管如此,美国史学家协会的好些成员还是看不惯,雅法的书毕竟是在解析一个美国的历史事件。

尽管遭到一些史学家们的白眼,雅法的这本"文史"大著仍然成了美国大学中*美国史*的重要教材之一。文史和文学经典当是大学通识基础教育最基本的读本,亚里士多德、笛卡儿、康德、黑格尔及其后裔的哲学书一类反倒不是。在如今的大学,更多教学生读文史和文学经典还是教学生们读康德、海德格尔,涉及到*教养教育*的成败。

然而,即便我们已经清楚认识到,大学教育应该把青年学生们引向文史和文学的甘泉,而非引向"思辨的荒漠",问题还在于,我们有这样的教材吗? 由此可以理解,为什么雅法这部解析美国政制史上的一场重大论辩的书会纳入我们的"经典与解释"系列。①

晚清以来,我国经历的重大政治论争还没列数清楚。毛泽东与梁漱溟在延安论争了三天三夜,争的是:谁更清楚何谓现代中国的好政治生活秩序。文献材料都摆在那里,却看不到我们的"文史"……

古希腊经典文史家的笔法所及,无不是他们自己的"现当代史"。雅法的这部文史大著承接了西方古典文史的这种"当代史"的政治关怀传统,而我们的当代史学却在与连篇累牍的清宫电视剧共跳探戈。在需要重视新传统的今天,雅法的"文史"会给我们带来怎样的视界呢? 如果把本书与其姐妹篇——雅法写的林肯传《自由的新生》(上海:华东师范大学出版社,2007)连起来读,可能会更为明朗。

2007 年 5 月

---

① 关于雅法与古典解经学的关系,参见森特那《哲人与城邦:雅法与施特劳斯学派》,见刘小枫/陈少明主编,《美德可教吗?》,北京:华夏出版社,2005,页 25—26。

康有为有如一面镜子*

坦率地讲,两天的研讨会让我学到很多东西,我只能谈谈自己的学习体会和一些观察,算不上评议。

一

首先值得一谈举办这次研讨会的意义。我们知道,在三十多年来的学术复兴历程中,康有为研究从未成为显学。据说,以康有为个人为题的全国性专题学术研讨会,这还是首次。

---

* 2014 年 6 月,中山大学哲学系在康有为故乡举办了为期两天的"康有为与制度化儒学研讨会"。会议组织者陈少明教授安排我在会议结束时做一个"综合评议",这既吃力不讨好,也是我力所不能任之的任务。承蒙吴重庆教授不嫌我的"综合评议"简陋粗浅,将其刊于《开放时代》2014 年第 5 期,谨致谢忱。

倘若如此,学界一直以来并未重视康有为研究就是事实。的确,我们很少见到研究康有为的专家。大学中的中国现代思想史专业每年都会产生大量博士论文,以康有为思想为题的论文并不多见,在我有限的视野中,清华大学张翔博士的论文给我留下了深刻印象。

据我所知,国朝学界唯一的一部有分量的康有为研究专著是曾亦教授四年前出版的《共和与君主》(上海人民出版社 2010 年版)。这部专著颇富锐气,它提供的不是康有为思想导论一类庸常之论,而是果敢地深度切入重大政治哲学论题,在古学功夫和哲学思考两方面都相当可观。

不过,我相信,有耐心认真读完这本书的人恐怕不多。毕竟,如今的我们对康有为的问题和由康有为所引发的问题不感兴趣。

与康有为研究门庭冷落形成鲜明对比的是,晚近十余年来,关于政治儒学、儒教、儒家宪政的新颖论述日益兴盛,出现越来越多的康有为式的儒家抱负。这次研讨会给我们提供了一次机会:让今天的康有为式的儒家抱负面对康有为本人的抱负。这恐怕是本次研讨会主办者的意图所在,也是研讨会的当下意义所在。

所谓康有为式的抱负指对儒教中国的历史命运有自觉的承担。显然,如今的康有为式儒家抱负与康有为本人的抱负所身处或面对的国家机运已经相当不同:康有为时代的中国挨打受欺凌,如今的中国至少不会挨打。至于是否不再受欺凌，恐怕仍然会有不同的认识——看看美国军机如此频繁地抵近侦察就知道了。

如今的中国不仅不会挨打，而且日益富强。奇妙的是：面对挨打的处境，康有为提出了改制的激进"变法"诉求，如今的中国日益富强仍然面临"变法"压力。仅仅这一点已经让我们有理由重新审视康有为当年的抱负。

因此，**百年共和**的历史是如今重新审视康有为思想和政治抱负的**历史前提**。毕竟，康有为所企望的民权、平权、国强民富等等在相当**程度**上已经实现。另一方面，自五四新文化运动以来，现代自由主义意识形态已经在中国知识界扎根。我们很难说当今的自由主义意识形态与共产党政制完全没有观念上和历史上的内在关联，但共产党精英群体的精神品质与儒家传统同样有观念上和历史上的内在关联。

倘若如此，当今的康有为式儒家抱负就面临这样一个涉及思想处境的问题：如果康有为的历史身影既**相当激进**又**极端保守**，如今的我们又该如何怀有康有为式的儒家抱负呢？在共和百年后的今天重新审视康有为在学术和政治两个方面的历史作为，不仅涉及如何吸取康有为的经验和教训，而且是当今的康有为式抱负**自我审视**的一次难得机会。

康有为有如西樵山的湖水，他是一面镜子，当我们在细看康有为的历史身影的时候，我们更多看到的恐怕是当今的康有为式儒家抱负自己的**面相**。康有为驳杂的思想在各种现代思想史论中得到的评价并不算高，尽管如此，恐怕今天仍然有理由提出这样的问题：康有为的思想视野和见识不如我们吗？

二

本次研讨会有近二十篇论文，中心议题却可以大致归纳为：一，如何理解康有为的**思想主张**；二，如何理解康有为的**学术语境**；三，当今的儒学制度化思考与康有为有怎样的内在关联。

第一个中心议题中最富刺激性的是康有为的**君主政体观和"大同"理想**，因为，从百年共和之后的语境来看，这两个思想观念不仅具有不同的历史命运，而且看起来还相互抵牾。毕竟，君主政体依赖于**内在的差序秩序**，与"大同"理想并不相容。

张翔博士考察的康有为的"大同"论，不是一个**实证史学**问题，或者说，不是**何时**以及**如何**提出"大同"论的问题，也不仅是一个**怎样的**"大同"论的问题，而是一个政治哲学问题。何况，从百年共和的**历史实践**来看，"大同"论并非仅仅是百年前的一种思想论说，也曾经是百年共和革命历史之中的**政治实践**。

显然，要探究这一问题，就不能不涉及毛泽东，以至于不能不提出康有为的抱负与毛泽东的抱负之间的关系问题。换言之，如果康有为担当的是儒家中国的抱负，毛泽东的抱负也是儒家中国的担当。

然而,如果没有事先从哲学和政治思想史层面澄清平等理念本身的**对错**,这个问题就不可能得到恰当审理。如何看待形而上学含义的"平等"理念本身,对我们自身是一个哲学拷问,尽管这个拷问尚未开始。

曾亦教授讨论的康有为思想中的**文质之辨**,不仅涉及君主制与民族国家建构的关系这一思想史问题,而且涉及君主制理念本身的**对错**这一政治哲学史问题。西方近代民族国家建构的主要理论支撑,在一开始并非自由主义的民主制理论,而是我国学界从未认真考察过的**绝对王权君主论**。在我们的思想史教科书或文化史通俗读物中经常可以见到对"君权神授"说的呵斥,但我们谁也没有见过"君权神授"说本身是什么样,并不清楚其法理究竟是怎么回事,除非我们对**博丹**(Jean Bodin, 1530—1596)、**胡克**(Richard Hooker, 1554—1600)、**波舒哀**(Jacques Bénigne Bossuet, 1627—1704)的论著有深入了解,而他们的论著迄今大多尚无中译。

事实上,直到十八世纪初,绝对王权君主论在欧洲仍然占据支配地位。自洛克到法国启蒙运动的代议制民主论成为显学之后,绝对王权君主论仅仅成了**政治修辞不正确**的理论,而非成了**法理上**甚至**实践上**不正确的理论。否则,我们无法解释这样的政制现实:如今没有任何一个民主的共和制政体不带有君主制的**政制要素**。

就政治思想史而言,虽然中国传统政制长期施行君主制,但我们对中国古代儒、道、法诸家典籍中所阐述的君主制政治法理的认识迄今极为初浅。不妨设想,如果康有为对西方近代的**绝对王权君主论**有所认识,他对中国古代的君主制政治法理的认识恐怕也会不同,毕竟他熟悉古代典籍。

然而,即便今天的儒教士对古代儒家典籍非常熟悉,也未必能认识到中国古代君主制政治法理的底蕴,因为他们如今比康有为更熟悉的仅仅是法国大革命之后西方的**保守主义式自由民主论**,而非绝对王权君主论。

问题的复杂性还在于:早在博丹之前,马基雅维利(1469—1527)就提出了一种对后世影响深远的新式君主论。不用说,这种新君主论同样是为了建构民族国家而提出来的。可是,在这种新君主论中,君主政体与"大同"观念不相容的问题似乎已经不复存在。由于我们不清楚康有为是否了解或在多大程度上了解欧洲近代的无论绝对王权君主论还是马基雅维利的新君主论,我们也就很难评价在他身上君主政体与"大同"观念是否相容的问题。

三

上述问题把我们带到理解康有为的学术语境议题:康有为面对儒教中国的现代危机时自己拥有怎样的**知识储备**?这个问题涉及两个方面:首先,康有为可以动用的中国传统思想资源是什么;其次,康有为对咄咄逼人的西方文明政制的认识究竟如何。

就前一个方面而言,曾亦教授和郭晓东教授两位公羊学专家的论文让我们看到,在应对儒教中国的现代危机时,康有为可能更多凭靠的是自体自根的"心"气,而非公羊家的习传法理。与其说康有为传承的是公羊学统绪,不如说传承的是心学统绪,这对我们认清当今据说凭靠公羊学传统提出的政治儒学提案的本相当会有很好的启发。

关于康有为对西方文明政制的认识,研讨会热烈讨论过的话题有两个:首先是基督教与强国的关系问题,然后是"变法"改制与维持帝国形态的关系问题。康有为建立孔教的构想的确受到基督教在中国传播的刺激,然而,虽然康有为既谈及保罗也谈及路德,他未必清楚西方基督教的教会建制在长达一千多年的历史进程中究竟是怎么回事——尤其罗马教宗国与欧洲其他王国或大小公国乃至神圣罗马帝国之间的关系,未必清楚路德事件本身及其无意中引发的宗教改革是怎么回事。

就前一个问题而言,基督教与强国的关系问题并非如我们以为的那样简单,因为,欧洲近代国家在走向强势政治单位时,几乎无不力求摆脱罗马教会中央集权制的制约。何况,在近代几百年激烈的国族竞争中,好些基督教王国败北——信奉基督教却并未成为强国的大小政治单位太多啦。

更重要的是,宗教改革运动与其说是一个信仰事件,不如说是一个欧洲的国际政治事件。所谓"政教分离"诉求,不过是欧洲的各色政治单位要排除罗马教会的帝国式权力的诉求而已。倘若如此,我们又该如何看待基督教与强国的关系问题呢?

路德事件还涉及所谓"异端"问题,而教会打击异端(甚至到后来设立宗教裁判所)是否具有正当性,这样的问题会让康有为建立孔教的构想受到严峻考验。

事实上,基督教会的建制建设从一开始就没有离开过这样一项**专项行动**:不断打击教会内部的异端。在罗马帝国的最初三百年里,初代基督徒一再受到政治迫害,但在受迫害的基督徒内部,教会自身也迫害被视为异端的基督徒。

路德在世的前后一百年间,罗马教廷打击异端的行动频仍,路德本人也被判为"异端"。我们会认为,路德抨击教会神职阶层的腐败有理,却被判为异端,实在没有道理,罗马教廷实在太专制……但教会神职阶层的腐败并非路德时代才有,路德也并非基督教史上第一个挺身而出与腐败作斗争的经院修士。中世纪的**克吕尼改革**就起于经院修士的反教会腐败行动,然而,意大利修士希尔德布兰德(Hildebrand,1020—1085)非但没有因为反腐败被判为异端,还当上了教宗。

希尔德布兰德的教会改革旨在纯洁教会建制的担纲者阶层的**精神品质**,提出了一系列防止神职阶层腐败的**制度性措施**,从而巩固了大公教会的传统建制,甚至强化了教宗国的"主权"。

与此相反，路德的反教会腐败行动直接指向传统的建制权威，以"因信称义"的神学主张使得"异端"成为正当行为，不仅最终使得大公教会的建制性法权彻底崩塌，而且使得标新立异成为西方后来的新知识人必不可少的品质要素。

尽管新教教会本身同样传承了在教会自身内部严厉打击异端、维护教会建制权威、约束思想自由的传统，路德的"因信称义"后来却成为自由主义的思想要素。如果康有为了解这些历史的实情，他就得面对儒家/儒教传统中的"异端"问题。有趣的是，在同时代的一些儒教士眼里，康有为是不折不扣的儒家/儒教异端。

从今天的学术语境来看，康有为对西方的帝国观念的了解明显十分粗浅。可是，与康有为相比，我们对西方帝国的观念乃至历史的认识是否已经成熟，同样是个问题。

一般教科书迄今仍然把罗马帝国西部沦陷于日耳曼蛮族之手视为罗马帝国的灭亡，对罗马帝国首都东迁之后这个帝国还存活了一千年的历史事实视而不见。由于西方政治史学界长期以奥古斯丁的双城理论为看待罗马帝国问题的起点，极少有人关注东罗马帝国的帝制论及其与东方基督教政治神学的关系，我们的理论关注视野也不会投向这个千年帝国及其政制法理。

晚近的著名意大利学者阿甘本的《王国与荣耀》重新审理彼得森（Erik Peterson）与施米特在1935年至1970年间的

那场关于"政治神学"的历史性争论,由此发掘东罗马帝国的政治神学法理,从治理与荣耀的关系入手探究西方政制机制中的某种终极结构之类的东西,并与现代民主政制的法理问题联系起来。

这个例子表明,即便西方政治理论学界的视野也长期受到自身意识形态的限制,未必能看清自身的帝国理论的历史面目。如果我们不用独立于西方政治理论的目光来审视西方的政治历史,我们对中华帝国自身的法理问题也很难获得恰切的认识。

罗马帝国初期的希腊语思想家曾打造(甚至可以说伪造)出亚历山大大帝本人在世时未必有的亚历山大帝国观念,以图在精神上抗衡或影响正在形成的罗马帝制。查理曼帝国存在的历史时间很短,但查理曼帝国作为观念却有很长的生命力,在拿破仑征战的马背上,在黑格尔的精神现象学中,都可以见到这种帝国观念的幽灵。

就在一个月前(2014年5月27日),维也纳艺术史博物馆(Kunsthistorisches Museum)开展一个名为 Väter Europas [欧洲之父]的特展,以罗马皇帝奥古斯都和查理大帝的事功为主题,可见欧洲人迄今缅怀自己的帝国辉煌。面对西方近代民族国家政治法理的挑战,康有为对中国帝制传统的情怀和历史担当提醒我们必须自觉检审:共和百年之后的今天,我们对西方文明政制的认识是否有了实质性的长进。

四

在第三个议题方面，**姚中秋**教授的文教与宗教之辨和**唐文明**教授对康有为倡立孔教为国教论的考察等论文，体现了当今的**儒学制度化**思考与康有为的抱负有难以割断的内在历史关联。

可以理解，在这次研讨会上，这样的议题显得最富刺激性，因为它激发的值得思考的问题本身富有刺激性。如果说康有为建立孔教的设想与他对中国人"一盘散沙"的切肤之痛有关，百年共和之后的今天再度出现这样的设想是否还与这一切肤之痛相关呢？如果相关的话，又该如何理解毛泽东缔造的共和国曾经让中国不再是"一盘散沙"？

制度化儒学的提法对应的是**心性化儒学**。一个有趣的对比是，在如今的基督教欧洲，真正有基督信仰的庶民并不多，但教会建制仍然健在。与此相反，虽然没有孔教建制，据说信孔教的庶民却不少。

倘若如此，**制度化儒学**的关切就不得不注意到宗教的建制化问题，用韦伯的提法，就是宗教的**教士阶层**问题。对于所谓制度化儒学的理论关切来说，恐怕至少有两个重大的理论问题——也是历史问题——需要有心人花费心力去探究。

首先，古代帝制中国的儒家/儒教建制究竟是怎样的，第二，如何理解共产党建制与传统儒家政制的关系？中国古代的儒教士不仅生活在官僚阶层中,也生活在乡绅阶层中,但要切实搞清楚传统儒家/儒教的建制形态,并不容易。

就第二个问题来说,探究的艰难并非在于,如今的共产党伦理是否还能容纳儒家政治伦理。上个世纪八十年代——或者说改革开放之初,中共中央组织部研究室选编过一本书,题为《古人谈从政育人教子》(北京大学出版社1987),印了五万多册,"供做领导工作的干部阅读"。其中的内容以元代张养浩的《三事忠告》(牧民忠告、风宪忠告、庙堂忠告)为主,配上颜之推《勉学》、诸葛亮《诫子书》、韩愈《师说》、颜元《学辩》、魏源《及之而后知》和彭端淑《为学一首示子侄》,"供从事教育的干部"和"负有教育子女义务的干部阅读"——总之是党的干部得阅读。

干部是什么人?干部就是牧民、从事教育和负有教育子女义务的精英。由此看来,儒家政治伦理的优良品质至少曾经活在老一辈共产党精英阶层的血脉之中(毛泽东的"老三篇"实际浸透着儒家政治伦理的某些精华)。

从政治理论上讲,建制化的教士伦理从来就是而且只能是精英伦理。在大公教制度中,教士/神父阶层的精英伦理不同于平信徒伦理,不可能也不应该用要求或约束教士的伦理来要求或约束平信徒。从长达一千五百多年的大公教教士伦理制度来看,其历史生命力首先在于教士/神父阶层对自身的严律伦理(尤其精英式的修院制修士伦理)。

大公教建制中的腐败问题在历史上曾经多次严重到危

及建制本身,凭靠严于律己的教士精英伦理,大公教会总能让自己在因拥有土地和财富而腐败之后自我革新。就第一个问题来说,制度化儒学的理论关切从历史上需要搞清楚的问题是,儒家/儒教是否有类似的精英伦理。

五

最后值得提到,晚清中国经历了洋务派、维新派、革命派三大"运动"。如果当今中国实际上基本实现了洋务派力图实现的目标,那么,康有为与百年共和的关系仿佛就变成了这样一个问题:当年的洋务运动若是在有德性卓越的君王及其强有力的儒生官僚阶层的背景下出现的,还会出现康有为的问题吗?或者说,还会有后来仓促接受西方现代法理这回事吗?

洋务派持守"中体西用"原则,南海圣人康有为则以其独特的心志开放了这样一个问题:既然"方今当数千年之变局,环数十国之觊觎,既古史所未闻,亦非旧法所能治",变法是否也得触及"中体"?既然"夫方今之病,在笃守旧法而不知变,处列国竞争之世,而行一统垂裳之法",康有为似乎就有理由变革"中体"。如果康有为的改制思想的底蕴本身就有激进政治要素,那么,他后来倡立的孔教为国教论即便不是自相矛盾,也为时晚矣。

百年共和之后,无论我们如何理解,"中体"之"体"已经严重受伤,否则,不会出现什么"西体中用"这样的颠倒提法,以至于如今任何想要恢复儒家政治品质的企望都显得不过是愿望而已。

话说回来,历史没有"假如"意味着,人们能够遇到的似乎仅仅是**机运**。如果我们遇到的是另一个康南海——心性上与阳明儒学品质不同的康南海,那又会怎样呢?

历史没有给我们提供这样的机运,至少给当今关切制度化儒学甚至力图重建儒家政治理论的康有为式抱负提供了**属于自己**的机运。

新中国与政治史学

谁能使中国恢复"大国"地位[*]

——"美国在中国的失败"三思

引 言

学术和文教体制从属于主权国家,受主权国家利益支配。如果一个中国人在国外(比如美国或日本)接受大学教育和学术训练并进而**获得教职**,接下来的生涯就得为所在国的文教体制效力。倘若所在国的**国家理由**与中国的**国家理由**并不一致,这类华侨学人的学术位置就面临某种尴尬,这种情形尤其见于社会科学领域——最突出的莫过于**政治学**的中国研究。

《美国在中国的失败》[①]是已故芝加哥大学政治系教授

---

[*] 本文为2010年10月30日笔者应邀在北京大学国际关系学院"中国与世界研究中心"读书会上所作的学术报告,原刊《中国文化》,2011年第3期。

[①] 邹谠,《美国在中国的失败》,王宁、周先进译,上海:上海人民出版社,1997,以下凡引此书仅随文注页码。

邹谠的成名作,这本书并非意在描述美国在中国的失败,而是致力探究美国*为什么在中国失败*——邹谠先生用五百五十页篇幅(按中译本计)对这一问题做了透彻解答。邹谠是中国人,但本书是"美国外交军事政策研究中心"(The Center for the study of American Foreign and Military Policy)委托的研究项目,出发点是*美国理由*,实际上是在替美国政府总结教训。作者会有国家理由冲突的尴尬吗?中国人的*历史感觉*会影响作者的学术判断吗?

俄国十月革命那年,邹谠出生于广州,抗战期间毕业于西南联大,1951年在芝加哥大学政治系获博士学位,文革爆发那年出任该系教授,1999年病逝于芝加哥大学医院。《美国在中国的失败》出版于邹谠获得教授教席之前三年(1963),当时美国与中华人民共和国仍处于敌对状态,冷战风云密布。该书力图为*美国理由*作出学术贡献,甚至带有冷战意识形态修辞,当属题中应有之意。

不过,作者采取美国政治学界主流的*行为主义政治学*方法(所谓"条件-反应"模式,参见"前言",页2—3),并不避讳美国政府制定对华政策时的*判断失误*和*决策错误*。美国在中国的失败,自然包含国民党在中国的失败。作者的父亲*邹鲁*是国民党元老,曾任国民党中央青年部长、中山大学校长、中央执行常委、国防最高委员会常委等要职,却未见作者有为尊者讳之嫌。

尤其难得的是,作者的学养出自"自由主义占支配地位的美国政治传统"(页195),自由主义政治信念并没有让他像有些华侨学人那样,让反共情结扰乱自己的学术视线——这种情形过去和现在都司空见惯。因此,尽管该书明显在为美国政府总结对华战略失误,我们还是可以从中获得学术教益,在认识美国的"国家理由"的同时,认识我们中国的"国家理由"。

《美国在中国的失败》研究的历史时段起自太平洋战争爆发,截至朝鲜战争爆发,也就是说,从美国在1941年底遭日本突袭后被迫对日宣战起,到1950年冬天中国志愿军让美军在朝鲜半岛遭遇意想不到的打击为止。太平洋战争爆发后,美国总统罗斯福曾提出一个战略构想:帮助中国成为"强大、统一、民主的大国"。作者论析的重点,就是这一战略构想失败的种种原因。

引人兴味的问题马上来了:使中国成为"强大、统一、民主的大国"不正是20世纪无数中国志士仁人的奋斗目标吗?对于我们中国人来说,这一奋斗目标失败了吗?同样令人感兴味的是:美国通过二战并在二战之后才成为名副其实的"大国"。本书让我们看到,美国作为超级"大国"崛起与中国恢复"大国"地位的历程,竟然相当程度上纠结在一起。如今,中国的国际战略研究面临的紧迫问题据说恰恰是:中国已经崛起为"大国",但与美国这个老牌大国的关系却变得更加微妙。

本书出版到今天,五十年快过去了,与1963年之前的国际权力格局和中国的政治形态相比,中国与美国的关系无疑发生了根本变化。既然邹谠教授的这项研究着眼于总结美国当初帮助中国成为"大国"的构想失败的成因,对于我们如今的国家战略研究就是不可多得的棱镜,有助于我们看清当今中国面临的*所谓*大国问题。

邹谠教授着手本书的研究计划时,中国的第二共和早已攻克国民党占据的浙东岛屿,和平解放西藏——中国已经恢复政治大国形象。至于是否已经是"强大、统一、民主的大国",恰恰需要讨论——对中国人来说,起码"统一大业"尚未完成。颇具讽刺意义的是,迄今*仍在阻碍*中国完成统一大业的,恰恰是曾致力使中国成为"强大、统一、民主的大国"的*美国*。

无论如何,中国恢复"大国"地位,绝非 21 世纪初的今天才有的事情。严格来讲,我们今天仅仅是在改变大国形象或增加大国形象的光谱:不仅是*政治大国*,也是*经济大国*。①如果从*中国的主权*国家理由来读本书,作者当年基于*美国的*国家理由总结的若干具体教训乃至立论观点、政治信念和论述框架,多有似是而非之处。毕竟,作者在书中明里暗里多

---

① 邹谠后来一直从事中国二十世纪革命研究,改革开放以后,邹谠教授是最早回到大陆担任客座教授的华侨教授之一,并一直跟踪研究中国的改革开放。他后来的两部被译成中文的文集颇值得参看:《二十世纪中国政治》(香港:牛津大学出版社,1993/1998),尤其《中国革命再阐释》(甘阳编,香港:牛津大学出版社,2002,简称《再阐释》,随文注页码)。

次伸张中国的国家理由。

本书的吸引力首先在于:作为一个对中国的国家理由有所承担的中国学人,邹谠教授如何基于美国自由主义政治学传统为美国的国家理由总结教训,如何处理因视角的敌我变化而导致的困难——本文的所谓"三思",意指修饰"大国"的三个关键词"强大、统一、民主"值得三思。

一 美国有义务使中国变得"强大"?

作者从19世纪最后一年美国政府宣布关于中国的"门户开放"政策开始下笔:1899年9月,美国国务卿海约翰向德、俄、英、日、意、法等国发出照会,宣告美国政府关于"对华门户开放"的政策。这一外交声明对上述各国提出两点要求:保障在中国的所有外商享有均等待遇;保持中国的领土与主权完整。美国政治家把这一声明看作美国的国家理念尊重别国领土与主权完整的体现,甚至认为与美国的独立宣言精神有关,反映出美国的国家理由具有"道义上的优势"(页512)。

邹谠的研究以这一政策声明为基点,美国在中国的失败意味着声明的两点要求最终未能实现。在美国政治家看来,对美国人的"集体自我意识来说","丧失中国"堪称"真正的创伤经验"(摩根索"序",页2)——似乎美国的"道义"之举遭到失败让美国人痛心。但邹谠的修辞却颇值得玩味:声明的两点要求是"美国在以后的五十年间断性地、并不十分有效地遵循的两个目标"(页2)。这无异于说,尽管美国的这一外交声明具有"道义上的优势",但美国从未一贯地、也从未有效地遵循过。言下之意,美国的实际行为并不道义——这就是我所说的似是而非。

《美国在中国的失败》用英文写成、在美国出版,说美国政府关于"对华门户开放"的政策具有"道义上的优势",在美国读书人看来不会有任何问题。翻译成中文在中国出版,在中国读者眼里,情形恐怕就不同了。人们会觉得,这一基本立论并不符合当今社会科学所宣称的"中立化"原则,以至于中国读者可以进一步质疑,社会科学是否真的能做到"中立化"。

不过,这是另一个问题。至少,从中国人的立场来看,读者很难认同美国政府的这一政策声明具有"道义上的优势",反倒可以看到,美国的"帝国意识"发蒙较迟:当美国觉得自己也可以更多占有中国资源时,欧洲和亚洲的列强正在竭力扩大已经夺取到的中国资源的份额。"对华门户开放政策"的第一个要点"各国贸易机会均等的原则"无异于说,作为后来者的美国在瓜分中国利益方面应该与其他列强平起平坐、利益均沾(海约翰的传记作者的评语说得几乎毫无掩饰,参见页512)。所谓保持中国领土和主权完整的主张,听起来的确让我们觉得,美国是个道义国家,但事实上,这一主张保障的恰恰是美国能够与其他占先的列强在中国利益均沾:保持中国领土和主权完整是利益均沾的前提。这就是著名的门罗主义的妙用:一旦列强瓜分了中国,美国可能获取的利益便成了泡影。

1899年美国政府的这一对华政策声明实际表明,美国**刚刚在萌生**大国意识。事实上,尽管在第一次世界大战后美国已经成为**大国**,但**大国意识**直到二战初期仍然并不强烈。1937年日本发动全面侵华战争后不久(同年10月),罗斯福总统曾发表著名的"隔离演说",以暗示的修辞呼吁国际社会联合行动孤立日本,随即遭到**国会议员**和**美国公民**强烈反对,迫使总统第二天就在记者会上改口。日本军机轰炸停泊在南京附近的美国炮舰"帕内号"后,海军将官莱希提议对日实施封锁,尽管这一建议其实相当温和,却"根本无人理睬"(页18)。

1940年,纳粹德国攻占荷兰和法国,重创英国,日本在亚洲的侵略行动向东南亚扩张,威胁到包括美国在内的西方列强的东南亚殖民地,美国才被迫开始成为"大国":1940年7月,美国国会批准建立大西洋舰队和太平洋舰队(页19),对日实施经济封锁。仅仅一年后,日本对美国不宣而战,美国才被迫将经济制裁升级为战争,被拖入非当"大国"不可的境地。我们知道,美国后来成为大国乃至如今维持大国地位,很大程度上凭靠的正是强大的海军力量,并一直保持超强的军备制造能力——所谓"民主的兵工厂"。

1942年间,罗斯福才有了"使中国成为大国"的战略构想,它包含两项具体设想:在国际政治方面,邀请中国参与反法西斯联盟,成为"四警察"国家之一,维护世界秩序。在1943年冬天的德黑兰会议期间,罗斯福终于说服斯大林和丘吉尔,由苏联、美国、英国、中国四国"充当国际警察,防止或遏制侵略行为"(页54)——这就是著名的"四警察国家"提案。当时,丘吉尔觉得罗斯福的提议绝对荒谬,因为中国是扶不起的阿斗,尽管他自己心里清楚,英军在日军面前的表现丢人现眼。

其实,罗斯福何尝不清楚中国的状况——开罗会议期间,罗斯福曾对蒋介石提出,打败日本后把琉球归还中国,蒋介石对此完全没有心理准备,也明显缺乏随机应变的能力,竟然建议中美共管,的确就是个阿斗……1945年春,罗斯福对丘吉尔说了一句心里话:"中国要成为一种值得严肃对待的力量,需要三代人的教育和训练"(页65)。既然罗斯福知道当时中国的战时领袖是个阿斗,却坚持不把中国排除在外,显然自有算盘,不足为怪。奇怪的是,迄今一些自以为聪明的中国智识人对此心存感激。

第二项具体设想是:促使国共两党合作,以和平方式建立强大、统一、民主的中国。邹谠说,这一设想极富政治远见。毕竟,它考虑的不仅是为了让中国当下有效拖住日本,还考虑到战后的国际权力均衡,使得中国在战后能够不会倒向苏联,以便美苏在亚洲保持势力均衡(页31、35)。

邹谠强调,这一设想是四十年前"对华门户开放政策"

的"伟大延续"。言下之意,这一设想同样具有"道义上的优势"。的确,即便在今天听来,"使中国成为大国"的设想仍然会让我们不少智识人兴奋,觉得美国是个"高尚"的大国。毕竟,还有什么比自己尚未成为一个"大国"就在设想帮助另一个国家成为大国更为"高尚"的呢?

然而,邹谠让我们看到的实际情形却与此相反。首先,当中国的领土和主权完整一次又一次受到日本帝国的实际损害时,美国并没有出面担当"道义者"角色,派出自己的武装力量帮助中国捍卫领土和主权完整,没有做出任何高尚的政治行为。日本大举入侵中国以后,当时美国的国际战略学家就说,

> 中国在军事上处于绝对无法自救的境地,与中国结盟当然并不意味着会增加我们的力量,相反会成为我们必须履行的额外义务。(页512)

言下之意,美国袖手旁观为好。

果然,日本帝国全面侵华后,美国不仅没有铁肩担道义,还继续与日本做生意,卖给日本最基本的军工原料(石油和废铁),让日本得以制造炸弹投掷在中国的城市和战士乃至平民身上……

1941年,美国军事观察家向国务院报告,中国对日本的抵抗到了"军事上即将崩溃"的地步,美国政府依然袖手旁

观。1941年12月8日,美国因日本偷袭珍珠港被迫对日宣战,"这时中国与日本的战争已经打了四年多"(页44)。邹说教授的**笔法**无异于说,美国政府袖手旁观足足四年,倘若不是日本不宣而战,美国仍然会袖手旁观下去,即便日本全面占领中国也罢。事实上,直到1943年元月,美国才与中国签订条约,放弃在中国的**治外法权**和其他特权,并说服英国也这样做(页53)。

我们知道,淞沪战役是蒋介石打给在上海的西方外交使团和外商机构看的**面子战**。从军事角度判断,行家一看地图就知道,这次战役设计绝对会得不偿失。但蒋介石希望的是,西方国家会因自己的在华利益受到损害而介入中国危局,阻止日本霸占中国。国军撤出上海时,蒋介石亲自安排不到一个团的兵力孤守**四行仓库**,因为仓库后面就是西方列强的租界区,仓库旁就是租界煤气总站,以至于日军攻击四行仓库不敢使用重炮,似乎国军最后要保卫的仅仅是西方的在华利益。

尽管如此,包括美国在内的西方列国使团在战火下施加外交压力的对象并非日本,反倒是受到欺凌的中国。西方**自由民主国家**的"道义者"形象难道不让中国人感到寒心?"对华门户开放政策"的"道义上的优势"在哪里?

邹说教授知道但不便提到:抗战初期,对国民政府提供实际军事援助的恰恰是两个**极权国家**。斯大林为了让中国拖住日本,以免日本腾出手后攻击俄国,派出空军秘密参战,替国民政府的陪都提供空防(重庆鹅岭公园迄今仍有牺牲者纪念碑)。

为了报当年日本从战败的德国手中夺取山东的一箭之仇,加上希特勒瞧不起日本,纳粹德国在1935年应蒋介石邀请派出军事顾问团整训国军,出售军火,为国民党最精锐的几个步兵师提供武器装备,甚至装备了装甲师。德国退役陆军元帅不仅为蒋介石制定了具体的抗日战略方案(包括最后的破釜沉舟:黄河决堤),甚至亲临淞沪战役前线协助指挥国军作战。

第一次长沙战役时,岳麓山上的二十几门从纳粹德国进口的大口径火炮把日军炸得人仰马翻。然而,纳粹德国和苏联为了各自的利益先后与日缔约,转眼就出卖中国。中国人这才看到,极权政体也好,自由民主政体也罢,西方列强都一路货色。

邹谠在书中反复说明,美国在1943年提出"使中国成为大国"的构想,完全是为了自己的利益,或者说出于**完全自私**的战略目的:"最大限度地利用中国的军事潜力",拖住日本(页30—31)。毕竟,此时美国正处于被迫两线作战阶段,担心自己无法同时应付东西两个战场。还有一个理由的确堪称极富政治远见:让中国成为西方列强的附庸,打破日本宣扬的"亚洲是亚洲人的亚洲"理念(页40),也就是所谓日本的"亚洲门罗主义"。

邹谠用大量篇幅描写美国如何出于自己的利益来实现

"使中国成为大国"的构想,从而与他近乎夸张地一再强调美国立国姿态的道义形象形成鲜明对照,让我不得不感佩邹谠先生的春秋笔法——他让我们看到,美国从来没有觉得自己有"义务""使中国成为大国"。

奇怪的是,美国提议让中国成为所谓"四大国"之一后,不仅当时,甚至迄今仍然有中国智识人感到兴奋。就当年的情形而言,有虚荣心的中国人才会为这样的提议感到兴奋。比如,蒋委员长就因为能与西方首脑坐在一起开会而兴奋不已,尽管他心里其实清楚,西方首脑并未把他这个中国的战时首脑放在眼里。

此时日军正发起新一轮攻势,企图夺取中南,委员长不顾战场态势,再次让中国军人在湖南**打面子仗**,非让一个整编师活活送死。1944年4月至12月,湖南会战历时8个月,蒋委员长一心想的是国际面子,处处顾及"国际的想法"——其实就是美英两国的想法,拒绝服膺毛泽东游击战略的**白崇禧**提出的敌后游击战,因为这样无法迅速吸引美英舆论的眼球。为了顾及国际观感,蒋介石坚持分兵固守城市,而非有效集中兵力,结果被日军各个击破……

按邹谠教授在书中的分析,美国的这一"高尚"政治设想失败的首要原因,是美国自身的能力有限和后来军事战略的调整。太平洋战争初期,出于军事战略上的考虑,美国非常需要中国。第一,需要中国为美军空军提供陆上基地攻击日本船队,建立空军基地需要中国的人力资源;第二,美国需要中国军队"拖住相当多的日军,否则这些军队……会对盟国造成破坏性影响"(页37—39),这就需要增强中国军队的抵抗能力。第三,美国把中国大陆视为将来反攻日本时的前进基地,这意味着美军将先在中国大陆实施登陆作战,与日军在中国土地上交手。这样一来,美国就对中国在战后的政制建设有了发言权。

然而,扭转欧洲战局对美国来说更为迫切,因此,即便出于自身利益考虑而提出的援助中国的计划也只能打白条。后来,美军的跳岛战略获得成功,决定放弃与日军在中国大陆决战的构想,改为直接对日本本土实施登陆作战。说到底,二战期间美国没有针对日本的侵略在中国本土采取大规模武装干涉行动,著名的陈纳德航空队是一支很小的空军力量,而且起初仅是陈纳德招募的"雇佣"人员(国民政府支付很高薪酬)。

即便如此,保持"中立"的美国政府还曾威胁要逮捕陈纳德,送军事法庭审判。邹谠说,"使中国成为大国"的计划"雄心勃勃",与美国实际"向中缅印战区提供的微不足道的物资援助形成了鲜明对照"(页42)。其实,邹谠在书中给出的"鲜明对照"要广泛和深刻得多。

更为鲜明的对照是:在一年多后的雅尔塔会议上,为了换取苏联出兵中国东北压制日本精锐的关东军,美国与苏联签订了损害中国主权和领土完整的秘密协定。邹谠教授终于忍不住说:雅尔塔协定"损害了中国领土完整和机会均等的原则"……"象征着对中国的'背叛'……和不道德的秘密外交"(页210,213)。

1945年9月,日本已经无条件投降,蒋介石想起雅尔塔协议的内容,也禁不住在日记中写到:"旧耻已雪,新耻又添。"因此,当邹谠把美国"高级决策层"在1943年决定给予中国"四大国之一"的待遇说成门户开放政策的"必然结果"时,无异于讽刺。他引述当时美国的一部关于远东战略的名著的观点说:一旦中国"通过自己的努力能够捍卫独立的""强大、统一的中国","门户开放政策在中国的具体条件下将成为时代的错误,并停止生存"(页33)——这无异于借美国战略家的话揭示了门户开放政策的欺骗性质。

邹谠知道,雅尔塔协议签订**四个月之后**,蒋介石才从美国大使赫尔利那里正式获悉协议内容。当时陪同赫尔利大使去见蒋介石的魏德迈将军回忆说,蒋介石当时听完协议内容后一声不吭,他实在**无法相信堂堂自由民主的美国政府**竟然也会干出这事,中国人抗日的血迹还未干啊!魏德迈回忆说:"作为一个美国人,我坐在那里很**尴尬**……。"

邹谠也知道,外交部长同时也是自由主义者的**宋子文**曾对美国海军上将利希表示,中国不能接受雅尔塔协议中涉及中国主权的条款,必要时中国将**以军事手段捍卫自己的主权**。利希问何时动手,宋子文回答:"未来五百年里的任何时候"……

美国后来还有更为精彩的杰作:打扫欧洲战场时,美、英、法、俄取得对德国的共管分制权,打扫亚洲战场时,美国并未组成美国、俄国、英国、中国"四警察"机构共管分制日本,而是凭靠绝灭性武器独霸日本。邹谠在书中说,1943年12月1日的《开罗宣言》标志着中国成了四大国之一,因为这个宣言让"中国得到了一个庄严的保证,它将得以收复自1895年以来被日本侵占的所有领土"(页54)。邹谠教授的修辞真值得玩味,因为,美国国务院后来一直宣称且迄今仍然宣称"钓鱼岛主权未定",所谓"庄严的保证"无异于庄严的讽刺。

中国人八年抗战中流的血远远多过美国、俄国、英国对付日本时所付出的鲜血的总和,如邹谠所说,

> 南京大屠杀受难者所经历的苦难,只有犹太受难者在纳粹大屠杀中经历的苦难可以比拟,如果不是更为惨烈的话。(《再阐释》,页119)

如今,中国已经向联合国提供了"国际警察",美国的武装力量仍时不时在这个"大国"家门口炫耀航母,派军机大摇大摆从琉球飞到海南搞抵近侦察……谁能说美国在中国失败了?

二 美国真的在乎中国的民主?

美国的"高尚"政治设想失败的第二个原因,按邹谠的

分析,是美国对国民党政府的**错误期待**。这一分析同样多有似是而非之处,实际蕴含着丰富的政治哲学思考。邹谠提出的论点是:既然希望"使中国成为大国的政策要为美国自身的利益服务",就得对当时国民政府的状况和性质有充分和清醒的认识。

美国在1942年因太平洋战争爆发才开始积极援助中国,希望中国撑住,但这时国民政府已经在日本的强大攻势下苦苦撑了四年,连黄河决堤这样的自残行为都干过了,国体遍体鳞伤。美国军政官员到中国后看到,政府效率极低,"腐败成风","以枪决相威胁强迫服役","更多的中国士兵死于疾病和营养不良,而不是死于战场"……"在国民党政权下,到处可以听见人民的怨声载道"——为了让中国帮助美国完成战略任务,美国军政官员感到,必须**全面改造**国民政府,"使它不仅在战场上,而且在政治、经济和社会改革的领域内能够与中国共产党展开有效竞争"(页50—51)。

这一说法非常值得玩味,因为,这意味着,美国政治观察家在中共那里看到的是相反的情形。为了有效实现自己的战略目的,美国应该援助中共,但这样做明显有意识形态上的障碍,因此美国被迫对改造国民政府报以期待。令人惊讶的是,邹谠的分析竟然认为,这一期待是美国犯下的一**大政治错误**:为了自己的利益,美国竭力支持的政府不仅不是民主的,甚至是**专制加腐败**的政府。

他的论断不能不令人敬佩,毕竟,邹谠是国民党元老之子。如果因为其父与蒋有派系之争,把邹谠的论断视为怀有私心,就看错了这位自由主义政治学家的基本学养和品德。由此而来的问题是,美国对国民政府的民主改造是否可能,更进一步的问题是:美式民主在中国是否可能。

邹谠描述说,国民政府成立于1927年,随之进入一党"训政"阶段。按孙中山的构想,为期六年的"训政"是"教育人民、使人民对建立宪法民主有思想准备的一种临时措施。然而,国民党政府实际上的发展趋势却是巩固党的专政,使权力集中于一人之手"(页44)。言下之意,蒋介石的治国方向与宪法民主背道而驰。

邹谠教授列举了如下事实:每次修订宪法草案时,国民代表大会的权力都"少得可怜",甚至出现"蓝衣社"这样的仿纳粹组织。人们可以为蒋介石找到这样的辩护理由:当时中国仍处于分裂状态,纳粹德国的崛起让蒋介石深感佩服,以为仿效纳粹党式的统治可以迅速建立"一个强有力的、高效率的政府"——邹谠作出的反驳是:"蒋介石从未能建立一个团结的党和高效率的政府"(页44)。

蒋介石政权在宪政民主建设方面倒行逆施,究竟是因为外在条件的限制,还是由于蒋介石自己的个人能力,甚至国民党本身的性质限制所致呢? 邹谠分析说,两方面的原因都有。首先,南京政府成立十年后(1937年),国民党已经有了三十个比较现代化的师,还拥有了空军,对边远省份的军阀政权已经形成政治和军事压力,重工业和轻工业也初具规模。然而,日本帝国发动全面侵华战争,南京政府的实力受到毁灭性打击(页45)。在淞沪战役和保卫首都南京的战役中,蒋介石最精锐的中央军"就被基本摧毁了"(《再阐释》,页119)。随之,轻重工业基地全部丧失,国家首都被迫两度迁移。

不过,全国联合抗战却使得蒋介石意外获得至少表面上统一的中国,拥有了三百个师的联合军队,蒋介石不能直接指挥的主要是共产党的几个师。在这样相对有利的形势下,蒋介石为什么仍然不能有效统帅全国?邹谠认为,这是由于蒋介石施行独裁统治,一切取决于"对他个人的忠诚",以至于他的统治无异于在"加剧现存的分裂状况"(页46)。邹谠很清楚,从制度上看,这是军权僭越党政的后果:蒋介石倚靠军事力量搞独裁,他搞的新生活运动目的是为了国家军事化。

太平洋战争后期(1944年6月),在华美国外交官谢伟思向美国国务院提交了一份备忘录,题为"中国的局势和关于美国政策的建议"。邹谠认为,这份备忘录"对国民政府的弱点作了最系统和最详尽的分析":经济崩溃、军队丧失士气、官僚主义、知识分子和工薪阶层不满,对农民滥用职权。谢伟思的分析还涉及国民党的性质,说这个政党是"一个主要兴趣在于维护个人权势,排斥外来者,为争地位而相互倾轧的保守的政治集团"(页176)。

1944年底,另一位在华美国外交官戴维斯在给国务院的备忘录中甚至认为：由于承认蒋介石政权，美国"已被牵扯进一个逐步腐朽的政权，并在和中共建立军事和政治合作方面受到了严重限制"（页180）。邹谠显然同意这样的观察，因为他在书中用自己的话写道，国民党"未能给中国的社会、经济、政治问题找到根本的解决办法，这就使得它不能完成革命的任务"（页50）。

归根到底，在邹谠看来，正是由于蒋介石的个人独裁及其政党的腐败，才使得美国的"高尚"设想难以实现。但他挑明的问题实际却是：为了自己的国家理由，美国其实并不在乎国民党政权的专制性质，仍然认为"没有任何国民党领导人可以取代蒋"（页47）。这意味着，只要符合美国利益，美国就会支持专制的独裁政权，所谓具有普世价值的"民主"不过是美国用来打的一张牌而已，美国的国际政治原则的基础其实是不讲道德原则的马基雅维利主义。

问题涉及到美国在战后依靠什么政治力量帮助中国重建民主宪政——美国选择了全力支持专制腐败的国民党政府。1945年元月，二战近于尾声但尚未结束，负责推动中国重建民主政制的美国大使赫尔利在给国务卿的报告中说："美国不应向作为一个政党或作为反国民政府的暴动者的中国共产党人提供军需品或援助。"（页161）

说这话的赫尔利并不知道但邹谠知道，反政府的"暴动者"这个称号最早是用在孙中山党人头上的。1905年，出洋考察五大臣尚未踏出国门就遭革命党人恐怖袭击，梁启超首次把"暴动者"这个现代称号送给了孙中山革命党人。邹谠很清楚,国民党的北伐之举就是反政府"暴动",而且是反民主政府的"暴动"。毕竟,当时的北洋政府至少名义上是民主政体。

邹谠在后来的研究中才明言指出,"孙中山在处心积虑发动一场使中国强大的革命运动时",在乎的根本不是个人自由。因为孙中山认为,中国人历来都有太多的个人自由,但国家而非个人才应该享有"完全"的自由,似乎国家就应该有专制的自由。邹谠说,这表明孙中山根本就没搞清"国家-社会的关系问题与政治权威主义问题"(《再阐释》,页16—17)。

因此,邹谠这里引用赫尔利的话颇为意味深长:单方面支持国民党无异于支持一个曾经是反民主政府的"暴动者"。意味深长的地方还在于,国民党发起第二次革命,理由是第一共和的民主性质已经不复存在,国民党搞"暴动"或闹革命由此获得了正当性。既然如此,以中共是"反国民政府的暴动者"为由不支持共产党,理由就不成立。毕竟,仅仅半年前,两位在华美国外交官提交的报告一致认定,国民党政府专制且腐败,并不具有民主性质。

如果赫尔利的理由是,南京政府早已经成立,具有法理上的合法政府性质,那么,如此合法性明显来自枪杆子里面出政权的法理。既然如此,邹谠在书中不止一次提到,中共在1931年就成立了中华苏维埃共和国,就显得意味深长。

因为,这个中国现代的第二共和按理同样具有法理性质,何况苏维埃共和国颁布的宪法远早于国民政府的宪法——法理不同不等于没有法理。

可见,在战后帮助中国重建民主政制时,美国一边倒支持专制腐败的国民政府,表明美国在乎的根本不是中国的宪政民主,而是唯利是图地只求实现自己的利益。邹谠非常清楚,正是由于美国对专制腐败的国民党如此一边倒,才使得当时不少追慕英美自由主义的中国知识人奔向了共产党。

邹谠在书中不便说,但读者很容易想到,如果美国不应向作为一个政党或反政府的政党提供军火援助可以视为一项正义原则的话,美国当时(邹谠写作本书时)仍在向台湾的国民党提供军火,甚至提供军事庇护,表明美国在插足中国事务时从来就不持守什么正义原则,而是为了自己的国家利益凭靠武力干涉他国政制。

由此来看,邹谠在书中把美国对战后国共对峙局面没有采取"武装干涉中国的办法"说成美国没有履行"义务"(页304),就显得相当似是而非,除非我们把这一说法看作反讽修辞。美国发愿要帮助中国成为"强大、统一、民主的中国",关键时刻却又不愿派武装力量去实现这一"高尚"的政治目的,按邹谠的说法是因为,美国人有一种广泛共识:获取"在华利益不值得诉诸战争"(页304)。但反讽的是,或者似是而非的是,邹谠在书中一再把中国的宪法民主建国问题放到中国现代历史的长时段来观察,从而与美国对华政策具有的所谓"长远目标"形成对照。

通过"建立一个强大、统一、民主的中国"这一提法,邹说让我们想起:"强大"、"统一"、"民主"恰恰是现代中国人一直梦寐以求兼得的东西——这意味着当时的中国既不强大,也不统一、更不民主。于是,邹说暗示,我们中国人应该进一步想:中国何以如此?

至少在十八世纪时,中国既强大又统一。乾隆年间的中华帝国是世界头号"大国":农业产值占世界总产值的24%(一说31%),手工业产值占世界总产值32%。即便到了晚清,中国变得不再强大,至少还保持着统一,尽管领土在一点一点被蚕食、主权在一步一步被削弱。

唯有"民主"是古代中国从来未曾有过的东西,但中国人无需为此感到自愧不如。毕竟,咱们的科举制传统就包含着极高明而道中庸的精致的民主因素,何况中国是亚洲第一个建立宪政民主的国家——辛亥革命成功后,美国总统很快写来贺信。然而,当时的中国智识人对现代政体性质的认识还相当粗浅、模糊,对现代政体的选择尚未达成共识,就民主共和还是君主立宪吵得一塌糊涂……

武昌起义来得突然而且意外,以至于革命党人根本没有做好准备。袁世凯后来的倒退行径,起因据说是当时一位美国传教士劝告他:中国的国体不适合搞议会民主,倒适合君主立宪。尽管如此,生米已煮成熟饭,只能前进不能后退,主张君主立宪的中国智识人这时也站出来反对开历史倒车。

中国终于有了宪政民主,哪怕是形式上的。这时的中国绝算不上强大,但至少没有分裂,至多是割据。作为统一、民主的主权国家,第一共和甚至派出少量工兵部队象征性地参与了第一次世界大战。可是,为了实现"真正的"民主,孙中山发起二次革命,直接结果是中国分裂:首先是南北分裂,随之四分五裂。那个时候,美国没想过应该派武装力量帮助中国人"建立一个强大、统一、民主的中国",倒是日本人找到了侵华借口。如果美国在1945年派武装力量帮助中国人统一,当年日本帝国侵略中国的理由同样成立,政治法理就完全乱套了。

借助自由主义政治学的分析,邹谠指出,中国尽管是亚洲最早的宪政民主共和国,但这种新的政体赖以建立的体质却残破不堪,根本原因恰恰来自给中国带来民主理念的西方对中国三千年政制传统的冲击,彻底破坏了国体内部的制度平衡,使得中国社会中的不稳定因素急剧增长(页50)。

辛亥革命,尤其孙中山的二次革命以后,中国的国体没有增强,反倒进一步削弱,以至于当中国面临日本的全面侵略时,国体已经破碎不堪。这样的看法在今天会让我们觉得很反动,但邹谠很清楚,蒋介石在1927年的清党实际上使得国民党陷入瘫痪和分裂。由于武汉政府才算国民党正宗,南京政府倚靠北伐军,并无党内的正当性,蒋不得不靠搞军事独裁来取得党内不容挑战的领袖地位。蒋介石一直避免或尽量推迟面对日本帝国的进逼,原因之一就是希望凭靠手中的军权重建国民党,然后再依靠蒋氏国民党重建政权。

蒋介石在接替孙中山遗愿继续二次革命时,改变了孙中山制定的革命路线。本来,孙中山的革命方略与共产党的方略就基础部分而言大略相同,这就是*扶助工农*。北伐军攻占武昌后有*北进*和*东取*两种选择,蒋介石选择东取上海,体现的政治战略意图是发展并依靠中产阶级和资产阶级。

1927年清党后,国民党闻左变色,在城市讨好资方,得罪工人,在农村则连减租都不敢搞,以至于国民党逐渐失去基层土壤,党的基层性质发生质变,从革命政党蜕变为依赖"土豪劣绅"的政党。"九一八"日本侵华事件后,蒋介石坚持避免对日本强硬,企望所谓"国际社会"(实际上是西方列强)出面遏制日本,原因之一就是,自己的军队和政权实在没有力气担当国家和民族的危难。

蒋介石正在建立的中央政府甚至没有能力代表国家决断国家的敌人,仅仅跟随在中国土地上享有治外法权的**英美两国划分敌友**。邹谠提醒我们,直到太平洋战争爆发,国民政府才正式对日宣战,这意味着蒋介石政府让外国来替自己做出政治决断,根本没有担当起中国作为民族国家的*政治存在*。邹谠强调,即便如此,包括美国在内的西方列强仍然对日本公然侵华袖手旁观,甚至落井下石。于是,日本帝国肆意发动全面侵华战争,以至于蒋介石苦心经营的政治土壤——中产阶级和资产阶级(实业家、工业家和金融家)也元气大伤。

抗战期间，由于蒋氏的统治腐败加专制，中国的中产阶级也开始普遍对国民政府不满，出现了严重的离心倾向，小党派和民主政治组织纷纷出笼。为了维持军事独裁政权，蒋介石对新生的民主党派采取"不宽容和压制的政策"，结果让共产党的民主战略占了便宜（页48—49）。

尽管信奉自由民主政治理念，邹说凭靠自由主义政治学分析敏锐地看到：中国的国体已经彻底丧失搞西式民主的基础，如此结果恰恰是*以宪政民主为尚*的西方列强一手造成的。美国在战后帮助中国重建民主，绝无诚意，而是为了获取自己在亚洲的战后利益。

在当时或者今天都会有人说，美国在战后一边倒支持蒋介石显然出于意识形态考虑，毕竟，蒋坚持反对共产主义——这种说法完全有道理。问题在于，似是而非的是，邹说认为，美国的"高尚"政治构想失败的第三个原因恰恰是轻视了意识形态的重要性。

三　民主的美国与中共

《美国在中国的失败》认为，美国当时在中国的外交官缺乏意识形态常识，把中共在现实政治斗争中的*策略之计*误认为在搞民主，结果搞错了中共的性质和意图。这种错误观点在当时甚至得到美国官员、专家和公众舆论的*广泛赞同*（页194），绝非个别外交官的偏见：广泛的赞同就是民主的赞同。

有的专家甚至断言:"国民党中国"才"可以被称为**封建中国**","共产党中国"则"可以被称为**民主中国**"。毕竟,中国共产主义运动的"实质是主要适用于**农村条件的资产阶级民主**"(页201)。

这些观点在冷战高峰时期当然显得幼稚可笑,作者笔端也带有明显甚至夸张的冷战意识形态色彩。可是,在当时和今天,这些观点却显得既严肃又认真。更重要的是:邹谠在针砭这些"幼稚得可笑"的看法时,同样满含春秋笔法。

邹谠说,美国是一个以**自由民主**为尚的国家,其政治理念"具备天赋的高度的道德统一性",但正是这种"理所当然的道德统一性妨碍了对美国政治传统的长处和缺陷形成认识,阻止了自觉的**国家目的**的成熟"(页195)。换言之,美国长期不具**文明大国**意识,恰恰是其自由主义政治理念"理所当然的道德统一性"所致。何谓"自觉的国家目的",或者说何谓"大国"意识,是**严肃的政治问题**,与"更加深刻的价值观念问题不可分割地纠缠在一起"。

但邹谠指出,美国的自由主义政治学传统主张价值中立原则,放弃了探究严肃的政治问题,使得"普通的美国人在美国民主的含义和理论基础问题上得不到充分的指导"(同上)。说到底,自由主义理念的道德统一性仅仅是看似"理所当然"而已,并未经过严肃认真的检审,本质上是**自私自利的道德**,并不具有文明性质。一个国家如果受这样的政治理念支配,这个国家的国际政治原则也是自私自利的。

众所周知,中国的共产主义运动兴于1919年,与"巴黎和会"对中国的欺凌有直接关系,因此,中共一直高举"反帝"旗帜。尽管如此,美国一直未介入中国因政制选择而出现的党争和内战。太平洋战争爆发前一年,蒋介石曾对美国驻华大使约翰逊表示,暗中扩大的共产党势力最终会威胁到国民政府的存在。约翰逊随即向华府报告:"美国和英国如不能及时地援助中国,最终便可能导致共产主义在中国的胜利"(页49)。对此,美国政府没有作出任何反应。太平洋战争爆发后,为了让中国拖住日本,积极支撑命运危艰的国民党政权的美国甚至"阻止国民政府使用武力镇压中国共产党人",以免发生大规模内战,不利于美国的对日军事战略利益(页131)。

正是出于美国自身的利益,要中国更有耐力顶住日本,早在太平洋战争中期而非战后,美国就积极促动国共两党携手合作,重建民主中国。然而,时在中国的美国外交官发现,由于日本的入侵,中国的政治势力出现了新均势:共产党势力在国民政府和汪伪政权的夹缝中强劲崛起,与国民政府的腐败无能形成鲜明对照(页47)。

1944年,美国政府对蒋介石政权的腐败已经非常恼火,有外交官建议,不如干脆支持延安的共产党政权。史迪威将军甚至设想,让共产党军队参与滇缅战役,这意味着要用美式装备武装共产党军队。

1944年6月,谢伟思在给国务院的备忘录中说,如果国民政府不彻底"改革以重新获得人们的支持……那么美援将是无效的"(页178)。他建议美国政府向国民党施压,迫使国民党与共产党合作,建立联合政府。他也认为,美国政府可以"向共产党提供武器","与共产党建立工作关系",以便"美国解脱它对腐朽政权的全部承诺"。他甚至设想,"以共产党人为最强大的力量而建立的联合政府""相当有可能"成为美国的盟友(页179)。

这一设想基于对中共的**民族主义**性质的理解,正如另一位外交官戴维斯在提交给国务院的报告中所认为的那样:中共具有的是**民族主义**而非**共产主义**性质。如果美国为中共提供军援,就会对中共"摆脱苏联控制施加相当大的影响",这显然有利于美国在战后保持自己的利益(页180)。①

在延安的美国外交官提出援助中共还有一个重要理由:共产党政权是**民主政权**。谢伟思在1944年9月的报告中说,中共"变成了一个寻求按民主秩序长入社会主义的党……变成一个并不寻求早日垄断政治权力的党"(页182)。用邹谠的表述,日本的侵华战争给共产党"提供了很好的机会,使他们能够在控制的地区内显示改革纲领的可行性和它深得民心的普遍性"。与此形成对照的是,国民党政权的战时"腐败和压制性措施"明显是反民主的,以至于激

---

① 比较埃谢里克,《在中国失掉的机会:美国前驻华外交官谢伟思第二次世界大战时期的报告》,罗清、赵仲强译,北京:国际文化出版公司,1989。

发了广大阶层的不满(页51)。

这样一来,美国便面临一个非常大的难题:无论从战时还是战后远景来看,国民党政权都在逐步削弱,军队和政府机构的能力在腐败中衰退。相反,共产党却在蓬勃发展,赢得了人民的普遍信赖,以至于"出现了可以取代国民党政权的选择"。1944年,美军观察组访问共产党地区,那里的"朝气蓬勃、充满希望、自力更生和献身精神与国民党中国的黑暗、停滞、绝望、自私形成了鲜明对照"(页184)——这听起来哪像是个自由主义者说的话。①

在评论谢伟思的观点时,邹谠教授以显著修辞嘲笑谢伟思在意识形态方面愚昧无知,说他不懂中共的列宁主义组织原则的性质:这种性质要的就是全部政权,以便全面改造国家,掌握政权是"对社会制度进行迅速和深刻改革必不可少的工具"(页182)。

更为显著的是,邹谠指出,谢伟思等人在政治观念上犯了**常识性错误**——搞错了民主观念的性质。他们竟然以为,

> 任何得到群众支持和推进大多数人利益的政府就是民主政府,既然共产党享有群众支持,并显然是在关心大多数人的利益,那么它就是民主的,或者说,至少存

---

① 比较包瑞德,《美军观察组在延安》,万高潮、卫大匡等译,北京:解放军出版社,1984。

在着民主倾向。(页183)

不用说,何谓"民主"是个严肃的政治问题。邹说基于美国自由主义式的民主理解,高调批判甚至嘲笑谢伟思等人对中共民主性质的理解,并不让人奇怪。但奇妙的是,邹说在书中别的地方又不动声色地为中共的**群众式民主**提供有力辩解:

> 回顾历史,事实清楚地说明,尽管中国的共产主义运动是在外国影响下产生的,早年完全受苏联代理人支配,但是它通过在游击战争中掌握领导权,现在已取得了广大人民的支持,在佃农耕作的中国土地上,它已牢牢地扎根……即使没有外援,它也仍然是个劲敌。(页174)

这话看似在归纳美国外交官的观点,情形也可能是:邹说在借归纳美国外交官的观点来表达自己的看法。支撑这一推测的证据,可以找到内证和外证两种。内证仅需要对比邹说对国民党政权的分析就可以取得:在中国土地上,要搞美式民主缺乏土壤,因为,这个土壤遭到外国列强两次大破坏。首先是晚清时期西方列强对中国政治土壤的破坏,这包括中国新派智识人在西方民主理念引领下自己破坏自家的政制传统(比如倡言废除科举制)——尽管从逻辑上来说,这个观点并不能说明没遭破坏的土壤就适合西式民主。然后是日本入侵对初生的中国中产阶级和资产阶级的毁灭性打击。

外证则可取自邹谠后来对二十世纪中国革命的著名研究，其重点正是中共的群众民主的**本土性质**——用他的话说，这是"结构约束下的选择"。邹谠指出，西方汉学家往往不能"充分注意到科举制如何在中国历史中所扮演的至关重要的作用"。似乎倘若没有废除科举制，中国搞西式民主就要容易得多：废除科举使得中国基层政权出现全面劣质化蜕变，乡绅衰落、土豪劣绅崛起。在由此形成的"结构约束下"，邹谠把"依靠农民的革命"看作是"中国革命中的创新"："毛泽东合理地说明了（rationalized）为什么中共要依靠包括农民这样的非无产阶级"（《再阐释》，页119, 112—113及125以下）。

那么，中共究竟是民族主义性质还是共产主义性质？共产党的战时民主政策究竟是现实政治斗争的**策略之计**，还是共产党基于对"结构约束"的认识而提出的**长远方针**？

谢伟思当时就清楚指出，在共产党人那里，搞西式民主仅仅是暂时的权宜之策。邹谠肯定了谢伟思的洞察，他还补充说，在抗战期间，共产党人在边区和根据地都搞民主，但程度有所不同："在延安这个相对安全的根据地上，政府的效率和对它的普遍评价比前线地区的政府要低。"（页183）因为，在敌后根据地，共产党人不得不采取更为民主的权力架构，这就是所谓"三三制"：共产党人、国民党人和其他政治力量各占三分之一。

既然如此,谢伟思的看法怎么又会是犯了常识性大错呢?邹谠说,谢伟思并非错在他没有用**两党对峙**的权力架构这一西式民主观来衡量延安政权,而在于他误判了中共对俄国人的态度。换言之,邹谠把民主政治的**性质**问题置换成了中共与共产国际的关系问题,尤其中共与俄国的关系问题。他描述说,谢伟思认为,既然中共要利用西式民主(到什么程度姑且不论)达到最终建立无阶级社会的目的,至少在战后中共仍然需要利用西式民主,以便借助与美国的经济合作加快战后复兴。通过采访毛泽东、刘少奇等中共领袖,谢伟思得知,中共领导人不指望苏联能向中国提供急需的大规模经济援助,唯有美国可能(页186)。

邹谠评论说,这样的观点表明,谢伟思没有看清共产党人的共产主义性质。但奇怪的是,写作《美国在中国的失败》时在1960年代初,邹谠已经知道两个事实:其一,抗战期间,苏联对中共的直接援助微乎其微,何况中共与莫斯科的领导与被领导的关系并非**主奴关系**。其二,从1945年到1948年,斯大林为了实现雅尔塔协议的利益,一直拒绝支持中共,反倒与国民政府关系紧密,直到国共内战的战略格局完全逆转,苏联才开始支持中共。1948年5月,苏军对外作战部才让在哈尔滨的苏军东亚作战部主动与解放军总部联系,了解军火需要。

因此,邹谠在书中批评谢伟思在意识形态问题上缺乏清醒认识,如果不是反讽,那就是似是而非。如果说这些都还仅仅是外证的话,就让我们再看几条内证。邹谠批评谢伟思没有看到"中共与苏联在意识形态和组织上的联系",奇怪的是,他同时又批评谢伟思没有看到,中共"在没有苏联直接援助的情况下生存和增长的能力,他们具有土生土长的政治基础,他们有一个并不依靠斯大林的支持而在党的委员会中享有权力的领导集团"(页190)——在归纳两位外交官的观点时,邹谠明确把这说成他们的观点(页174)。

诸如此类的自相矛盾,在邹谠的书中绝不少见。一方面,他批评戴维斯没有看到共产党人的现实斗争策略与"最终目标"的区别;另一方面,他又赞扬戴维斯看到,中共"是比任何欧洲的地下组织或游击运动更为坚强和自立的力量"(页181)。一方面,他一再强调,

> 谢伟思和戴维斯对中国共产党的性质和意图的错误理解……归根结底是由于过低估计了意识形态在中共事务中的作用。(页194)

另一方面他又说,戴维斯其实已经看到,一旦国共组成联合政府,共产党必将成为中国占主导地位的政治力量,从而,要指望蒋介石接受美国的压力,明显不可能(页178)。这无异于说,至少戴维斯没有过低估计意识形态在美国事务中的作用。

更妙的是，邹说自己一方面高调批评美国政治学家在意识形态方面"愚昧无知"（页208），另一方面又断言：美国从一开始就不可能抛弃国民党，转而支持受"苏联共产党控制、之后仍然在思想意识上忠诚于它的党"（页51）——这恰恰是有高度意识形态意识的表现。

明显的自相矛盾，自古是一种修辞方式，在冷战时代或麦卡锡之后的时代，邹说需要这种古老修辞。

邹说在书中写到，按谢伟思在临近战后时提出的建议，既然中共表达了对美国的友好态度，美国政府应该"采取积极措施使得中共脱离莫斯科"（页191）。邹说没有说的是，如果当时美国政府采取了这一"积极措施"，那么，结果又会怎样。

邹说并非不清楚美国政府在1949年时对中国第二共和的犹豫态度，因此，不书不等于他没有考虑到如果美国在1944—1945年间积极回应中共对美国的友好态度结果会怎样。总结美国对中共的认识时，邹说说：

> 正确认识中共的性质和意图的人真是凤毛麟角，尽管在政治舞台上，许多人乐于事后发难。（页208）

从他对戴维斯如下看法的评价来看，戴维斯大概属于"凤毛麟角"一类：戴维斯看到了中共内部强烈的民族主义倾向与领导人的亲俄态度之间的裂痕，这种冲突甚至可能导致党的分裂。邹谠用戴维斯不懂得中共是按列宁主义组织起来的政党为由,轻松打发了戴维斯的观察,说中共的民族主义倾向不过是出于意识形态考虑的外交政策的一种策略说法(页182)。其实邹谠很清楚,共产党内的确一直存在意识形态冲突,这就是毛泽东后来一再强调的"路线斗争"。

邹谠当时**不便说**的中共党内高层冲突,在他晚年编订的第二部文集《中国革命再阐释》中成了一大重点论题(《再阐释》,页165—252)。《美国在中国的失败》引用过1944年底(11月7日)戴维斯从延安发回的报告中的一段话,在当时以及后来很长一段时间里,这话都是笑料:

> ……延安并不是马克思主义的新耶路撒冷。中国共产主义的圣人和先知们……热烈地追求阶级妥协和政党联合的陌生上帝,极为羞怯地崇拜着外国投资者这一财神,渴望以世俗的标准受到人们尊重。所有这些远远超出了诡计多端的共产党机会主义。(页181—182)

邹谠教授让我们看到,戴维斯不属于"事后发难"一类……

余论:何谓国际政治中的"高尚"

对于当年美国提出战后建立"强大、统一、民主的中国"

的设想,邹谠在书中有过这样一段罕见的带感情的评论:

> 这种政策体现了一种善良、高尚和激励人心的想象力,它来源于美国与一个争取摆脱外国统治和剥削、摆脱落后与贫穷的被压迫国家之间的百年来似乎从未间断过的友谊和感情。美国人民已争取到了自身的独立,并在新大陆建立起自由人民的繁荣社会。这种政策是符合他们慷慨大度的天性的。
>
> 对这种政策的根本设想并不是完全脱离现实的。从长远的历史观点来看,中国的衰老状况只能是暂时的。具有三千多年完整的、连贯的文化传统的民族或迟或早势必找到一条振兴国家的道路。……
>
> 无论中国走向现代化的步伐是多么缓慢与踌躇不前,她还是取得了巨大的进步。使西方列强震惊的漫长的抗日战争被认为是中国政治力量恢复的标志。因此,中国在美国的保护下作为大国出现的前景似乎有可能使她恢复过去的伟大形象。它预告了欧洲帝国主义在东方各国的末日的即将来临,开辟了东、西方以平等、友谊为基础而共同生存的新时期。这的确是高尚和激励人心的想法。(页32)

这段话本身读起来就让人觉得高尚和激励人心——让谁觉得高尚?激励哪国人的人心?让我们中国人觉得高尚,

激励我们中国人的人心。从这些言辞中,我们可以看到邹谠教授作为一个中国人在研究美国的外交-军事战略决策时的关怀,看到他掩藏在内心深处的中国的"国家理由"。

可是,与书中的无数事例对照,我们再来回味这话,就会感到一种尖锐的反讽,以至于会觉得,《美国在中国的失败》是一部在冷战处境中精心构拟的反讽之作。

邹谠教授在书中一再强调,美国"使中国成为大国"的政治设想是美国"对华门户开放政策"的伟大延续。今天的我们看到,这一具有"道义上的优势"的对华政策中的第一条原则已经实现:各国贸易机会均等、利益均沾,而且美国还为自己保留了搞贸易保护、限制对华高科技出口、限制中国对美直接投资的自主权,乃至干涉中国货币主权等等,尽管中国人已经自己为自己争得了独立主权。

至于第二条原则,迄今不能说完全实现,一百多年前宣称要保持中国领土和主权完整的美国,仍在千方百计阻挠中国领土的完整统一:自清中期以来,中国中央政府就享有对西藏政教领袖的认可权,美国却频繁高调款待西藏独立人士……战后蒋介石无力接收琉球,美国并未高尚地按联合国有关规定让其独立或自决,偏偏托付给对中国犯下严重侵略罪行的日本。两相比较,对华政策的"道义上的优势"的虚伪性质昭然若揭。

《美国在中国的失败》最让笔者感到困惑的地方在于:基于自由主义政治理念,凭靠自由主义政治学传统,邹谠伸张了中国的国家理由,以至于如今看起来像个新左派。如果没法说邹谠是个披着自由主义外衣的新左派分子,那就只能说他的中国心没有因为自由主义信念和学识而变得不知所谓:没有忘记中国文明的伟大传统,没有丧失中国智识人应有的基本政治常识。

也许可以说,邹谠用英文写作和出版的这本书,表面看是在为美国政府总结经验教训,暗地里则是在对美国人施行道德教育:除了伸张中国的国家理由、文明传统,还敦促美国人思考"严肃的政治问题"——何谓高尚的国际政治。

1938年,国民党党代会通过了一项"类似宪法式的宣言《抗战建国纲领》",邹谠在书中引用了蒋介石随后解释这一纲领时讲的一段话:

> 对亚洲和对整个世界,我们只希望尽到我们的义务,即反对任何对霸权的欲望以及与仁爱的道德信条不相符的愿望。仁爱是中国民族精神的特征。就中国本国的利益来说,革命的目标是恢复她原来的边界,就整个世界来说,革命的目标是使所有的国家逐步从平等的阶段走向理想的统一。(页36)

将这段引文与邹谠在书中表达的如下基本观点加以对照,我们当会感觉到深刻的似是而非:由于美国一贯支持中国的主权和领土完整,坚持不干涉政策,妨碍了美国"严肃地考虑这样的问题,即在政治斗争中,美国的自身利益将要求它对一方予以积极支持,甚至参加内战",结果美国丧失了中国(页136)。

邹说以含蓄的笔法表明,美国在中国失败的根本原因在于:没有认识到中国人的意志力量来自于"反对任何霸权"和所有国家基于平等达成"理想的统一"这两条高尚的政治正义诉求(中国的第二共和处理国际关系同样以此为准则)。

恢复中国"原来的边界"是这两条正义诉求引出的最低限度的诉求,用常识性的话来说,现代中国作为主权国家持守的最低限度的国际政治原则是:不要欺负人,遑论欺人太甚。无视这两条基本的国际正义原则,无论哪个大国对中国表示关切,都居心叵测。

"仁爱是中国民族精神的特征",也是中国传统政制理念的特征。如果美国有自己的自由民主传统,那么,中国则有自己基于《尚书》经验的德政传统。邹说深知,美国的自由民主传统基于来自欧洲基督教小教派的立国者们对遭受大教派迫害的经历,他也同样深知,中国的德政理想贯穿于"三千多年完整的、连贯的文化传统"不绝若线。如果美国在中国失败的根本原因在于,"美国的政治传统使人们对政治理论缺乏兴趣"(页208),那么,具体而言,就是对中国传统的德政理念缺乏兴趣。

"三千多年完整的、连贯的文化传统"当然不意味着,中国在过去三千年中的任何朝代都实现了德政。毋宁说,这一文明传统的完整性和连贯性在于,尽管不断遭遇失败、尽管不断出现劣质的统治,中国这个文明大国始终不渝地在追求德政。中国"文明"的含义首先就在于此:好的政制必须应该以德为尚。

无论何时,中国哪怕出现了严重背离追求德政的政治现实,不等于中国人有理由抛弃德政理念,干脆转而信奉马基雅维利主义算了。如今英美主流政治学家仍然把马基雅维利供奉为自由主义的伟大鼻祖,邹谠教授在八十年代回北大讲学时,却并未教我们的青年鄙视中国的传统德政理念,催促他们尽快与英美主流政治观念接轨,而是念念不忘传统的儒家德政理念。

在前引那段激动人心的文字中,邹谠说,美国的对华政策"符合他们慷慨大度的天性"。毕业于芝加哥大学政治系的邹谠不可能不知道,"慷慨大度"是一种政治德性,经典定义见于亚里士多德《尼各马可伦理学》第四卷的开头:说一个人"大度",指的是他自己认为值得把自己看得重大,但他是否真的具有重大且值得看重的德性品质,完全是另一回事。要么他自己真的重大,"值得"自视为重大,要么他实际上并不具有值得看重的德性品质,自视重大就是"愚蠢"或"无知"。

真正的"大度"其实很难,因为这意味着必须真的具有美好的品德。个人的"大度"如此,国家的"大度"亦然。如果一个国家以"价值中立"的政治哲学为基础,以自由为尚,把关心何谓美好归于个人偏好,那么,这样的大国对向来关切共同美好的儒家传统缺乏兴趣不足为怪,奇怪的倒是,我们以为这样的大国真的具有值得看重的德性品质。

在前引那段激动人心的文字中,邹谠还说,由于美国的"高尚"对华政策,"中国在美国的保护下作为大国出现的前景似乎有可能使她恢复过去的伟大形象"。联系到这句话,《美国在中国的失败》以朝鲜战争爆发收尾,堪称笔法高韬的讽刺。邹谠说,"美国现在用她的武力直接反对"的不仅是中共的革命利益,也是"直接反对中国的民族利益"(页486)——毕竟,

> 此时中国共产党已不再是一个企图夺取政权的武装政党了,他们是中国大陆的主人。(页483)

这话是就美国派遣第七舰队封锁台海讲的。鉴于美国迄今仍在封锁台海反对中国的民族利益,我们就不得不感叹邹谠的春秋笔法寓意深远。邹谠清楚地看到,美国介入台海绝非仅仅是出于冷战需要,更重要的是遏制一向旗帜鲜明地"反帝"的共产党获得政权后必然要恢复文明大国形象的抱负。让中国的自由主义信徒最为难堪的是,美国希望能像管制二战中的两个法西斯战败国那样,管制一个二战中为反法西斯作出过重大牺牲的古老文明大国。

1970年代初期不得已打算接纳共产党中国进入联合国时,美国便马基雅维利主义地事先强化日本对琉球和钓鱼岛的托管权——所谓国际法就是这样制作出来的。如今美国欢迎中国成为一个"负责任的大国"的说法,用邹谠的眼光来看,其真实含义不过是**对美国的利益负责**。他在自己的书中告诉美国政治人,与西方相遇的百年来,中国一直在举步维艰地努力做到对自身的文明理想负责。

中国并未"在美国的保护下""恢复过去的伟大形象",反倒是靠装备低劣的志愿军在朝鲜半岛击败技术精良、火力立体得超强的美军而恢复自己过去的伟大形象。近二十万中国年轻农民的生命为国捐躯,换来了彭德怀元帅一句名言:

> 西方侵略者几百年来只要在东方的一个海岸上架起几尊大炮就可以霸占一个国家的时代是一去不复返了。

在今天,有不少中国智识人会说,抗美援朝是为意识形态而战,十多万农民的儿子为挽救一个别国政权白白战死和冻死,得不偿失——老牌自由主义者邹谠却看到:"随着台湾海峡的中立化,美国第七舰队跟中国共产党的军队相互对峙",直接冲突"或迟或早都很可能要发生"(页490)。

比这更为深刻的是,邹谠看到,"中共把美国在朝鲜的行动,看成是日本在太平洋战争中被打败之前五十年的侵略过程的重演……正是这种**立即有危险的感觉**,才驱使中国共产党人采取"**志愿军**"行动(页497)。换言之,美军越过三八线,让中共想起近半个世纪前日本入侵朝鲜后的甲午战争。

在今天,这话很可能会被算做**左派言论**,却的确出自自由主义政治学家邹谠之口,而且是在美国外交-军事政策研究中心支持的研究项目中说的。当年蒋介石在日本已经武力侵占东北后还积极撤军,中共却在美国派航母封锁台海、轰炸东北边境并扬言要越过三八线时就公开发出警告,并迅速在东北边境集结十二个师严阵以待。

邹谠让我们由此得出对比:中共面对美国的威胁与国民党当年面对日本的威胁何其相似又何其不同。何其相似在于,中国的体质仍然贫弱,甚至更为贫弱,1950年中国工农业产量远不及1936年以前的最高水平,共军装备面对美军时更远不及国军面对日军时的装备。

何其不同在于,国民政府同日本侵略者在中国土地上血战数年之久都**不敢代表中国正式对日宣战**,跟随英美对日宣战才对日宣战。中共却在苏联从朝鲜撤出军援人员,并拒绝为中国入朝志愿军提供空中支援的情况下**决断对美开战**,靠共军的贫弱体力为中国争得基本的生存之理,恢复了文明大国"过去的伟大形象"。

邹谠知道但刻意不提以免刺激美国人的是,以美国为首的联军第二次向鸭绿江边发起大规模进攻的第三天(1950

年11月4日),中共与各民主党派发表联合宣言,以民主中国的名义向全世界宣告:抗美援朝、保家卫国。

维护和捍卫自己国家的利益不能算自私,问题在于是否**损人利己**。邹说明确地说,美军越过三八线无疑是错误决策,再次证明了"美国的中国政策的**盘算方式**"有问题:"麦克阿瑟向鸭绿江的轻率进军","使北京打了一个划时代的奇袭的胜仗"(页490)。所谓"奇袭"的说法明显似是而非,以减低"划时代"一词的刺激,因为,北京对美军越过三八线早提出过警告。何况,二十五万大军的移动要完全保密,从军事上讲根本不可能。

事实上,美军已经发现中国军队的异动。"奇袭"的说法其实是在给美国人留面子,因为,遭到"奇袭"的真正原因是,从麦克阿瑟将军到美军士兵,没谁相信吃不饱穿不暖,甚至枪支口径都不统一的中共军队敢对拥有立体火力的世界头号强师发起攻击。何况,中国志愿军发起第二次战役时,中共已经公开宣战,美军在这次战役中受到更大打击,所谓"奇袭"无异于戏言。

如今,美国有政治家评论说:倘若中国志愿军在两次奇袭得意忘形的美军大获全胜之后停在三八线上,句号就划得完美无缺了。如此说法再次印证了邹说对美国在中国失败的分析,因为,此言堪称典型的美式自由民主的**自负修辞**。这位美国政治学家明明知道,1951年元月不愿停火的首先是美国政府,他也知道,板门店谈判并未把要求美军撤离台海作为一项诉求,更没有涉及中国作为战胜国对日本的处置权利……但他却不能理解文明古国的仁爱。

邹谠教授幸运的是,他已经在1999年去世,没有机会听见几年前美军太平洋战区司令在北京(!)演讲时说:台海是公海,美军航母想什么时候过就什么时候过。在电视上我们见到,现为美国防长的此公说这话时,脸上掠过一丝皮笑肉不笑的尴尬,也许他突然想起一百多年前美国的"对华门户开放"政策以及芝加哥大学政治系的中国教授邹谠的庄严讽刺:何其"高尚"的政治……

如何认识百年共和的历史含义

[题记] 2013年5月18日,凤凰网刊登了我在中国政法大学一个读书会上的发言记录稿,微博界随即上演了一场亚里士多德意义上的喜剧。这个记录稿既未经本人许可也未经本人审阅,文句不通和错漏之处比比皆是,小标题以哗众为目的,以致微博人士攻击的敌人面目模糊不清。

其实,我受邀参加的并非凤凰网读书会,而是广西师范大学出版社主办的读书会。邀请我的广西师大出版社政法图书编辑室主任对我说,这是一个专业界的读书会,并向我保证不会把发言弄到网上。我走进现场看到凤凰网读书会的招牌感到奇怪,这位政法图书编辑室主任对我说,是承办的学生们搞错了。

我当然知道,凤凰网读书会不是我应该去的地方。政法界的读书会是专业人士聚会的场合,与微博界不同,在这样的场合谁要是说自己懂公法学或政治学常识而实际上不懂，会被人嘲笑。按尼采的说法，在"民主的时代精神及其潮湿空气的作用"下，精神难免"普遍粗俗化"。在报纸写作，就像在"未经选择的社交圈子"里发表演说。

4月19日在中国政法大学举行的读书会并非"未经选择的社交圈子"，而且时间有限（规定发言30分钟），我不得不紧缩内容。

4月23日下午，我给天津师范大学政治学与行政管理学院的博雅班作了内容大致相同的学术报告，讲了两个小时。为了让漫骂者更好地看清自己的敌人，以便给予精确打击，也为了让历史的后来者看清自己的敌人，有必要刊布由本人整理的讲稿。

我知道，"既然忤逆人们在今天热衷的一切，我只好等待普遍的非难；何况，为了得到某些个贤哲的赏识而获得荣誉，我也不该指望公众的赏识……我不会费心去讨美妙才智或者风头人物喜欢。任何时候都会有人天生受自己的时代、国家和社会的意见的支配。在今天，一个自由之士的所为，不过是在成为同盟时代的狂热分子而已。要想超逾自己的时代而活，就得决不为这号读者写作"（卢梭，《论科学和文艺》前言）。

下面的讲稿依据在天津师大所作的学术报告整理而成，限于篇幅，仅截取与在中国政法大学的演讲内容相同的部分。

昨天下午我给大家讲了柏拉图《王制》的要义,今天上午讲了卢梭《爱弥儿或论教育》的要义,现在讲一个现代的题目:我们的**百年共和**问题。我希望大家能注意到,这三个题目之间有实际的内在关联。《王制》涉及何谓人世间的"最佳政制"问题,《爱弥儿》涉及民主政制构想与立法者的关系问题。显然,百年共和问题与柏拉图和卢梭想过的问题都有关联。

为什么要讲这个题目?我想理由有两个。首先,两年前时逢辛亥革命一百周年,我一直在关注认识百年共和的**历史含义**这个课题。第二,从我们这个文明古国的三千年历史来看,我们对**改制共和**这个"大变局"的认识显然不能说已经很清楚,但我们又恰恰置身于这个变局之中。

这个"大变局"没有结束,还在发展,不少人还关心如何发展。要命的是,我们的传媒甚至学界仍然习惯于凭靠一些未经审视的**时髦口号**来看待这个问题。今年元旦的"中国梦宪政梦"事件就是一个例子。① 把"中国梦"说成"宪政梦"的意思是,没有实现代议民主制就还没有实现"中国梦"。可是,把"宪政"等同于代议民主制,至少在学理上说不通,因为"宪政"的历史形态并非仅此一种。如果认为实现代议民主制才能实现民族复兴,从历史来看同样有问题。魏玛民国是标准的代议民主制,其结果是纳粹上台。

---

① 南方周末 2013 年"元旦新年献词"。

从世界历史来看,改制共和的问题非常复杂,即便要思考这个问题也非常艰难。媒体人喜欢用未经审视的"普世价值"口号唤醒人民,由于一些博士或教授也成了媒体人,这类似是而非的口号也笼罩着我们的大学课堂。在座各位谁都不会否认,大学与传媒不同,大学要讲究学理地思考。诸位都是学"政治学"专业的,理应学会政治地思考政治问题。如果跟着传媒言论来看问题,"政治学"专业就白学了。毕竟,传媒言论并不专业。

当然,一旦学会了政治地思考,你就可能面临两面受敌的危险处境。因为,在任何国家,激进的左派和右派公众都代不乏人。何况,心怀叵测的敌对国家还懂得且善于操控传媒,这是政治常识。

认识百年共和的历史含义是个时代难题,不能指望我们这几代人能解决这个难题。中国历史上有好些大事的评价不是迄今还有争议吗?我对这个难题的解决没有结论。我只想搞清这个难题究竟难在哪里,这是我要讲的主题。即便要搞清这一点也困难重重,因为,这涉及具体历史,而我们对历史的认识难免不充分,何况还受种种似是而非的观念支配,以至于很容易忽视政治常识。

比如,已经是代议制国家的中国在第一次世界大战后属于战胜国阵营,我们无不对巴黎和会公然无视中国的国家主权愤怒不已,却很少去想这样两个问题:第一,国家主权靠什么得以建立;第二,具有国际法效力的国际和约的性质是什么。

共和革命前后，中国面临的基本问题一直是，国家徒有其名，任凭列强宰割。二战之后，作为战胜国的中国所遭遇的不公正待遇远超过一战。毕竟，我们的国家和国民不仅为保家卫国作出了巨大牺牲，也因牵制日本法西斯而为欧洲的反法西斯战场付出了巨大代价。

1944年，为了让已经体力不支的中国拖住日本，聪明的罗斯福把中国抬举为反法西斯同盟中的"四大国之一"。然而，1945年2月，美国就用雅尔塔秘密协议打了自己的嘴巴，我们的一些聪明人却迄今对美国的抬举感恩戴德。钓鱼岛问题的性质比雅尔塔协议更为恶劣。中日战争扩展为太平洋战争之前，中国遭受日本法西斯蹂躏长达数年之久，美国并未主持国际道义，战后竟然把中国的领土交给法西斯战败国"管辖"，这凭的是什么"普世价值"法理？

美国政府迄今宣称，对钓鱼岛主权问题不持立场，诸位学的是政治学专业，大家肯定知道，有权把一个地方交给谁来管辖不是在行使主权又是什么呢？辛亥革命之前，中国就丧失了主权能力，共和革命之后中国一直在艰难地恢复这种能力，迄今还在坚韧不拔地努力。没有完全恢复的原因，不仅因为国家实力不够，还因为美国掌握着热核武器和观念上的霸权。

二战之后，亚洲战场的战胜国并没有像欧洲战场那样与战败国订立统一的和平条约，美国凭靠灭绝性武器垄断了管制和教育日本的法权。在美国的教育下,好些战前的日本法西斯政客和将军成了自由民主宪政的政要。这一切凭靠的都是如今时髦的"普世价值"观念。按照这种观念的逻辑,一个国家若非自由民主政体就不配拥有完整主权。

一 启蒙话语对政治常识的颠覆

20世纪的中国知识人习惯于用种种西方启蒙观念取代传统的政治常识,把种种启蒙观念变成自己的"常识"。比如,我们的历史教科书喜欢把秦始皇以来的中国政制视为"封建专制",把"共和与专制"的二元对立观变成我们看待中国历史的"常识"。"共和"等于民主政制,民主与专制的对立成了道德与不道德的对立。

其实,自由民主的法理恰恰要求限制国家的道德法权,用"价值自由"或"价值中立"废除常识道德。如果要说有什么"普世价值",那么本来只会是这样一个传统常识:国家施行德政,人民不仅生活得幸福,而且有德性。尽管不同文明传统对何谓德政或何谓人民的德性有具体的礼法规定,基本道德原则并没有实质性差异。可以说,"德政"才是判断政治共同体好坏最为基本的普世标准。

无论从常识还是从法理上讲,一个国家是自由民主的典范绝非等于它是道德的、正义的国家典范。早在先秦时代,韩非子就提出了一套整治贪官污吏、治官不治民、让国强民富的有效办法。但我们今天只能说,唯有自由民主才能整治贪官污吏,韩非子反倒成了专制论的鼻祖。谁不这样说就是反"自由民主",就是"反革命"。

共和革命首先是一场**政治观念**的革命,我们难以认识百年共和的历史含义,首先因为我们已经**不能甚至不敢**从政治常识来认识共和革命。

启蒙观念对政治常识的颠覆,尤其体现于学术话语与传媒话语的严重脱节。比如,业内人士都知道,中国古代一直是君主政体,不是"封建"政体,但"封建专制"迄今仍是传媒话语提到古代中国时的口头禅。从法理上讲,"封建"与"专制"是两种绝然对立的政制要素,"封建专制"的说法根本就不通。我们用来反"封建专制"的启蒙观念,恰恰来自西欧近代的**封建势力**和**专制势力**。

我们知道,神圣罗马帝国从中世纪末期的962年一直持续到1806年拿破仑强迫弗朗茨二世退位,名义上存在了八百多年,比中国任何一代皇朝历时都长。但是,与汉代奠立的中华帝国不同,神圣罗马帝国从一开始就是封建制。自十三世纪以来,这个帝国中的好些封建势力开始寻求独立的王权,要么基于民族体形成君主国,要么基于共同利益结盟自治(比如瑞士这样的邦联)。

到了十八世纪,神圣罗马帝国的版图实际收缩为日耳曼语地区,皇帝仅拥有名义上的至高治权。不过,尽管大大小小的封建君主拥有相当的"专制"权,毕竟并不是绝对的,头上还有皇帝,史称**主权有限**的君主国。

"主权"概念源于独立君主有凌越现存封建和等级现状的绝对专制权力,从法理上讲是个**反"封建"**的概念。反过来说,专制君主国之内的封建势力必然削弱国家主权。

法国大革命之前,欧洲的君主国大体有三种形态,与具有封建性质的有限君主国相对照的是君王拥有独立治权的君主国,史称**绝对王权专制**的君主国——比如大革命前的法国。君主专制的建立凭靠的是君主**有权**也**有能力**废除封建制的各种特权和协议,重建法律秩序,为了国家的整体利益废除既有封建势力和等级势力的种种权利,取消封建制度凭靠的现状(status quo)正当性原则。

因此,作为一个政治统一体,专制君主国恰恰基于**剪灭**或**抑制**封建势力,封建势力没有与君主协商的权利和权力。

还有第三种君主国,比如英国,这个君主国的国王虽然不受皇权制约,却并非像法王那样拥有绝对王权(主权),封建主以及各等级(高级贵族、骑士和市民阶层)组成的代表机构共同构成议会(上议院和下议院)制约着王权。从法理上讲,这种君主国施行的是所谓"议会专制",体现主权的专制权力在议会。

如果这就是现代的代议民主制的源头,那么,所谓自由民主制恰恰源于**封建势力**制约君主王权。在形成君主国的历史过程中,封建各等级与君主争夺权力的结果不外乎两种:要么是君主战胜封建势力,要么是封建势力战胜君主。

从十三世纪到十七世纪的整个四百年间,"大宪章"成了代表封建主和贵族及各等级组织的议会与斯图亚特王权斗争的工具。

三种君主国的差异,在国家存亡的生死关头体现得最为明显。法国式的绝对王权君主国显得最具决断战争的能力。由于封建君主的权力与皇权的相互制约,神圣罗马帝国很难具备决断战争的能力。英国式议会专制的君主国决断战争的能力也很弱,幸运的是,海峡为这个君主国提供了天然防御,受到外敌入侵的威胁大为减小,神圣罗马帝国就没有这样的幸运。

"主权"概念全然是西欧近代神圣罗马帝国崩溃过程中产生出来的,是封建制向君主专制转变的产物。无论中国古代还是古希腊和古罗马都没有"主权"概念。春秋时期国君弱化,贵族僭越,中国出现了封建制因素。战国时期,出现了封建制因素向独立君主制转化的趋势,显得像是西欧近代神圣罗马帝国崩溃的态势。秦若不重新统一中国抑制这一态势,恐怕也会有别国重新统一中国,否则,结果如何可想而知。

自汉至清末,中国一直是君主政体式的皇朝政制,近似于法国式的绝对王权君主制,尽管幅员辽阔。然而,与近代西欧的绝对君主不同,中国的历朝皇帝从未获得**法理上的**绝对"主权"。上有天命(所谓天命转移),下有儒生官僚制,皇帝在郊祀时**对天称臣**,皇权在法理和制度安排(朝廷制度)

上均受到制约。汉代的"白虎通会议"奠立的礼制法典,今天有人说可以叫作"君主立宪",从法理上讲并非没有道理。

按照西方的政制史学说的界定,独立君主制才是近代意义上的"国家",英国式的君主国反倒是一个"封建社会"式的国家。因此,西方的比较政制史家承认,中华帝国是世界上最早的近代意义上的国家。不过,经过现代启蒙观念洗礼的西方比较政制史家又把这个"最早的国家"判为"落后的国家",因为,他们若不用自然状态论和"价值自由"原则先把儒家礼制法统洗白,就无法谈论"国家"。

"五四"式学人把中国的皇朝政制说成"封建专制",从法理上讲不通,不过是学舌现代启蒙观念。即便在西方近代国家学说中,"专制"也并非邪恶政制的代名词,否则,霍布斯这样的自由主义思想鼻祖同时是个"绝对专制"论者就会让人匪夷所思。法国大革命之前的启蒙大师孟德斯鸠把君主"专制"解释为君主不受法律拘束,无法无天、恣意妄为,才使"专制"变成了邪恶政制的代名词。

秦汉时期经过连连内战和随后的对外战争建立起来的统一的中华帝国延续了两千年之久,把如此大的幅员、如此多的民族融合在一起,从世界文明政制史来看,的确非常了不起。我们应该知道,直到十九世纪初,整个欧洲的人口还不到两亿。

尤其了不起的是,中华帝国是一个具有德政理念的国家,儒家官僚制对此政制品质起了决定性的作用。没有实现德政不等于德政观念根本就不存在或本身是错的。无论皇帝或皇朝如何更替,儒家的德性教化式政体的品质没有变。梁启超说,中国的二十四史不过是二十四姓的历史——显然,受西方启蒙话语的影响和支配,梁启超才会说出这种对他来说堪称违背政制常识的过头话。毕竟,自汉代以来,儒家教化式政体的性质从未随二十四姓皇帝的换位而变得面目全非或"价值自由"。

有人说,百年中国学术,史学最为败坏,道理兴许在于,二十世纪的中国智识人几乎无不凭靠西方启蒙观念图救亡。我们的困境在于,为了救国图存不得不用西方启蒙观念搞动员,启蒙与救亡成了一回事,彻底救亡等于彻底启蒙,结果是彻底掉进启蒙观念不能自拔。理解这一点,有助于理解中国传统政制在实现"共和"的历史过程中为什么会出现那么多的困难。

二 人民主权与立法者

看清启蒙话语对政治常识的扭曲,不是要为旧制度辩护或"招魂",而是为了看清认识百年共和的历史含义很难究竟难在哪里。毕竟,源于法国大革命的"共和革命"具有伟大的"进步"意义,即实现"人民主权"这一新的立国原则。可以说,"人民主权"原则是如今所谓"普世价值"论的基石。

"大革命"意味着改变旧制度、建立新制度。即便西方的比较政制史学者也向来把法国大革命而非美国独立宣言视为世界历史的分水岭,毕竟,美利坚这个新国家是在一个飞地上建立起来的,并非基于否定既有的政制秩序,倒是基于对印第安人长达两百多年的自然状态式的系统消灭。

法国大革命并没有产生一个新的国家,而是更改了立国原则。任何制度都是一套法的制度或秩序。启蒙话语喜欢说,旧的君主专制无法无天。其实,任何旧制度都既有"法"又有"天"(上帝、天神)。

在法国大革命之前的基督教欧洲,上帝拥有制宪权的观念仍然具有支配地位,君主的专制权力从法理上讲不过是代表上帝行使地上的主权。"人民主权"原则具有的世界历史意义在于:型塑政治统一体的权力从王者身上转移到"人民"身上,由共同体的人民而非圣王或圣贤来决定政治共同体的生活方式。

"人民"并非上帝或"天"的代表,否则就与皇朝政制中"替天行道"的农民起义没有差别。"人民主权"取代的与其说是君王的主权,不如说是宙斯、雅威、上帝或"天"的主权。即便公羊学中的新王孔子也并不拥有主权,而是"天"的代表。

"人民"这个启蒙概念既具体又抽象。就具体而言,"人民"总是一个政治共同体中的"人民"。"人民主权"学说经常把 Nation 用作"人民"的同义词,以便更为准确地界定"人民"。这意味着"人民"总是以某种政制形式存在的共同体,与国家没法分开。

就抽象而言,作为整体的"人民"如何行使"主权"呢?显然,"人民"需要被代表。"人民主权"原则对所有旧的政制都具有彻底的革命性,英国的"大宪章"绝非"人民"宪法,而是封建等级与君主订立的契约。英国的议会凭靠"大宪章"与君主王权作斗争,但议会代表的是封建主和贵族及各等级组织,而非代表全体"人民"。

1789年6月,大革命状态下的三级会议宣布成立国民议会制定宪法,可是,法兰西"人民"从未以任何形式委托三级会议代表自己。在实现民主的历史斗争中,谁代表"人民"始终有争议,没有争议的是,"人民"必须被代表才能行使"主权"。我们难免会想到一个有趣的问题:旧制度的君王是上帝或"天"的代表,"人民"拥有主权后仍然需要代表来代行主权。

由于启蒙话语的"常识化",我们已经忘记,"人民主权"原则这一普世价值是启蒙智识人的智性设计。任何智性设计都难免有缺陷,法国大革命之前,启蒙智识人一直在致力解决这些智性缺陷。"人民主权"论的重要表述人卢梭已经看到,"人民"如何形成统一的政治意志,是民主设计的一大难题。毕竟,任何政治共同体原本都是作为立法者的圣王型塑出来的,"人民主权"原则意味着共同体的"人民"自己型塑自己,但如何型塑自己呢?

"人民主权"论的理论困难还没有解决,大革命就来了。

在大革命之中,西哀士(Sieyès)依据"人民主权"论阐述了"人民"才是"制宪权"(pouvoir constituant)主体的学说,并区分了两种权力:制宪的权力与依据宪法而产生的国家权力。

从法理上讲,这意味着"人民"通过立宪行使自己的主权,然后确认和规定自己的代表。吊诡的是,这个"人民代表"却有权力管制"人民",甚至必须限制"人民"拥有的制宪权,否则,"人民"就随时可以推翻自己制定的宪法——按卢梭的说法,这才是真正的无"法"无"天"。

"主权"观念源于近代的绝对王权国家诉求,原本指君主具有的抑制封建势力、治理共同体和对外宣战的政治决断权。博丹在《国是六书》第一卷第八章论主权时,反复申说的是"取消现行法律",颁布新的法律。霍布斯和普芬道夫进一步明确强调了主权观念的根本要义:面对共同体的内部冲突和外部干涉,君主具有基于本国的公共福祉和共同利益做出最终决断的权力。

如果"君主主权论"就是所谓君主专制论,"人民主权论"也可以叫作"人民专制论"。按照启蒙熟语,"人民主权"意味着反君主专制,"人民主权"也必须以专制的方式反君主专制。毕竟,"人民"制宪权并不受任何法律形式或程序的拘束。为了确保革命成果,"人民主权"原则还得把这种专制权力延续下去。无论推翻的是旧的帝国还是专制君主国搞"共和",问题都仍然在于如何建立政治共同体的政治秩序。

实现"人民主权"需要新的立法者,谁有资格成为这样的立法者,是卢梭的《社会契约论》挑明的根本问题,因此他说,《社会契约论》不过是《爱弥儿》的附录。即便像美国那样的新国家,行使制宪权的仍然是少数立法者式的人物,而非"全体美国人民"。尚未立国,作为Nation的人民何在?即便基于各个利益群体或由多个制宪权主体协商制定宪法,也得靠强势的立法者。

立法者必须具有认识到国家的公共福祉和共同利益的意愿和能力,卢梭并不认为,"人民"具有这样的意愿,即便有意愿也未必有这样的能力。人民的"意愿"必须靠代表来"代议",在法国大革命中开始出现党派,然而,宪政国家中从来不可能只有一个党派,而是有相互竞争的各党派。于是,"人民"如何形成统一的意志这一问题,始终悬而未决。

卢梭在31岁时就懂得,"任何一国的人民都只能是其政体的性质打造而成的",最好的政体何以可能,取决于什么性质的政体才能培育出最富德性的人民。实现"人民主权"所需要的立法者应该具有怎样的品质,是更为根本的问题——这就是为什么卢梭要写《爱弥儿或论教育》。

既然"人民主权"论作为智性设计尚有诸多根本缺陷没有解决,如果没搞清楚这些缺陷,已经养成的凭靠启蒙观念来想中国问题的习惯就有问题——这是今天我们在认识百年共和的历史意义时遭遇的首要困难。冯友兰曾说,中国士人面对外来文化并未感到不自信,当发现西方的政制理念比中国的传统政制理念更好时,才一下子心慌起来。显然,不清楚西方现代政治理念在法理上的底细,我们才会心慌。

伴随百年共和的历程,我们的心慌造就了史学对中国传统政体轻慢的蔑视。在中国古代政制中,君王必须为"民"是德政的基本规定,这一传统早在先秦之前就已经奠立。为"民"原则与民主原则是两回事,现代新儒家为迎合启蒙观念非把为"民"原则说成民主原则,企图以此挽救儒家政制观念,结果是得不偿失。

比如,为"民"原则包含教民以德,而教民是国家赋予儒生的法权,按照自由民主法理就得取消这样的法权,教民以德不再可能。可见,现代西方政制理念成了百年来中国思想面临的死结,要解开这个死结,必须重审法国大革命之前悬而未决的民主法理难题。然而,对被自由民主观念彻底洗脑的中国知识界来说,这几乎已经没有可能。即便如此,民主政制法理带有致命的痼疾,仍然是一个事实。

法国大革命之前,欧洲好几代学人都非常推崇中国的政治体制。法国大革命之后,德国启蒙哲人黑格尔构想出了一套世界历史哲学,把世界历史视为"自由"精神实现的过程:精神的实体就是自由,世界历史不过是自由意识向前迈进的脚印。黑格尔的历史哲学把亚洲的东方民族摆在世界历史的开端,不是抬举而是贬低东方民族,因为,"自由"意识在这些民族身上程度最低。世界历史的顶峰在欧洲的日耳曼民族,言下之意,"自由"精神在日耳曼国家身上才达到了自我意识的顶峰。

倘若如今我们得说,"自由"精神在美利坚合众国身上才达到了自我意识的顶峰,那么,黑格尔仅仅犯了爱国主义的错误,其历史哲学的逻辑本身没错。福山在上个世纪九十年代宣告自由民主的全球性胜利时,凭靠的正是黑格尔的历史哲学逻辑。黑格尔的自由主义世界历史哲学构想为他的法哲学提供了支撑(不妨比较《法权哲学》第三章最后一节"世界历史"与《世界历史哲学讲演录》"导言"第三部分),因为,对黑格尔来说,国家是绝对精神实现自身的质料,国家的本质在于"道德的生命力"。"自由"精神的自觉不是在空虚的空间或者观念中发生的,而是在政治现实即国家中发生的。让自己所属的民族国家成为"自由"精神最终实现的载体,就是世界历史的终结。

按照这个逻辑,有抱负的中国人不是也可以把"自由"精神在中华民族(国家)身上的实现视为世界历史的终结吗?倘若如此,所谓最大的"现代专制者"也就可能是最大的自由主义普世价值论者……

三 政治的新自然状态

1791年9月生效的第一部法兰西宪法规定的国体为世袭的君主政体,篇首却是原则性的"人权和公民权宣言"——似乎人权法凌驾于宪法之上。可是,按自由主义国家学说鼻祖霍布斯的著名说法,没有国家形态就谈不上保障人的基本权利,人权保障必须以统一的政治共同体即国家的存在为前提。在自然状态中,人与人之间像豺狼,哪会有人权?自然状态这一理论假设具有的讽刺意味在于,为了保障人的基本权利而建立国家的行为本身,恰恰得靠人与人之间像豺狼一样的战争状态来实现。

由于这种战争状态被赋予了启蒙的目的观念,就只能称为"新自然状态"。一个统一的新政治共同体的形成很少不经过内战和对外战争,法兰西共和国的建立如此,美国和瑞士这样的邦联国家的建立同样如此——最新的例子是叙利亚反对派军人吃食政府军士兵的心脏……

法国大革命的直接结果是法国作为国家自身的危机:首先是周边各君主国组成的反法联盟的武装干涉,然后是国内保王党教士和绅士组织信奉天主教的农民进攻城市居民,以及受英国人支持的贵族和教士针对革命政府的暴力活动(暗杀民选行政长官等)。大革命后,法国出现过一连串走马灯似的宪法:革命初期的1791年宪法宣布法国为中央集权制的君主立宪国,仅仅两年之后(1793年),雅各宾派执政又颁布了新宪法(史称"共和元年宪法"),宣布法国是中央集权制的共和国,后来还有共和三年宪法……无论君主立宪制还是共和制,总之得是一个统一的政治共同体。

拿破仑的复辟意味着:革命引致的外部干涉和内战,直接导致国家生存危机。国家作为一个完整统一体的政治存在是宪政的前提,否则,无论有多少宪法都形同废纸。"人权和公民权宣言"不仅没有改变政治共同体的基本生存原则,反倒与现代立宪国家理念构成**内在矛盾**。抵抗外敌和结束内战还得靠强有力的军队和军事统帅,拿破仑就是在这个时候起家的。

共和国军队的诞生是法国大革命的成果,强制义务兵役制的发明使得兵源大为扩充,却剥夺了"人权宣言"的人权。即便美国这样的自由国家,迄今仍然受人权与国家利益之间的矛盾困扰,尤其当国家安全受到威胁的时候。"911事件"之后,美国的国家权力对公民权的入侵证明了这一点。

第一次世界大战之后,德国知识界侈谈英国宪政如何富有"自由"要素,韦伯嘲笑说,一旦英国遭到外敌入侵,"自由"要素就会消失殆尽。因此,宪法理论中有所谓英国的"岛屿位置顶替了宪法"的著名说法。

国家源于对人民基本生存权的保障,为了形成国家又要求国家具有型塑公民的权力,这是霍布斯的自由主义国家学说的根本要义。国家没有完整的主权,国民的基本人权也就不可能得到保障。1946年美国军人强暴北大女学生事件和晚近十多年来在日本和韩国时有发生的美国军人强暴女学生的事件,都是对所谓"人权高于主权"的驳斥。

"个人自由"基于秩序,自然状态下不可能有"个人自由"。在英国治下的香港,保障"个人自由"的是君主专制——港英政府有如一个**准君主国**,英国派遣的总督拥有专制权。末代港督在香港推行民主政治,其目的是搞乱即将回归的香港给作为政治统一体的中国出难题。别国的政制麻烦就是自己的国家利益:你越乱越好。这是罗马人的诡计,叫"分而治之"。

凭靠平定内乱和抵御外部干涉的战功,拿破仑发动政变(1799),随后颁布共和八年宪法,名义上保留共和制,实际上是君主制复辟。但拿破仑模仿传统君主,为的是固守传统的中央集权制国家架构。拿破仑输出的宪法可以证明这一点:1798年,拿破仑委托巴塞尔政治家奥克斯以法国1795年宪法为蓝本,起草了一部瑞士宪法,在法国军队监督下建立了"统一的不可分割的海尔维弟共和国"。

拿破仑还具有历史抱负,企图统一欧洲,重建传统的拉丁帝国——但他失败了。拿破仑战争是真正的第一次欧洲大战,也是现代战争的真正起点——如科耶夫所说,一百年后的所谓"第一次世界大战"不过是一个后续的插曲。

这一事件提醒我们,尽管近代欧洲的历史是一部神圣罗马帝国分崩离析的历史,重建统一的拉丁帝国仍然是欧洲大政治家的梦想。可是,当今致力于实现这一梦想的政治家们(尤其欧盟核心国法国和德国的政治家)却一再支持分裂中国的独立分子:统一的欧洲、分裂的中国是他们的梦想。

拿破仑战败之后,欧洲发生了一件很重要的事情,这就是开了长达八个月的维也纳国际会议(从1814年10月开到1815年6月)。这次会议本来是四个战胜国——无不是君主国(英国、俄罗斯、普鲁士和奥地利)——重新划分欧洲势力范围,由于在波兰和萨克森归属问题上争执不下,立宪君主国法国的代表塔列兰巧妙利用矛盾,与英国和奥地利秘密签订了削弱俄国和普鲁士势力范围的《维也纳条约》。

如果把《维也纳条约》与《凡尔赛条约》乃至"雅尔塔协议"连起来看,对我们认识百年共和的历史含义有什么启发呢?中国作为战胜国不仅没有收回被剥夺的国土,反而进一步丧失国土。

谁都会说,这是因为中国很弱,然而,难道弱在国体?靠《维也纳条约》获利的国家无不是君主国,靠"雅尔塔协议"拿中国主权做交易的是苏维埃国和自由民主的美国。战前的清室王朝很弱,共和之后的民国仍然很弱。

晚清王朝面临的其实是一个政治常识问题:国家的*政治生存*何以可能。如果晚清皇帝是*英明能干*的君王,国体的转换严格来讲并不难。我们遇到的是乾隆的不肖子孙,这与中国历史上多次遇到的皇朝覆灭没有实质差别。差别在于,启蒙观念的政制理念以及新的自然状态对国家的*担当者阶层*提出了全新挑战。

在认识百年共和的历史含义时,我们的思考一直受到法国大革命带来的*政体问题*的压力和制约,以至于忘了一个常识:国家危难关头,考验的首先是政治共同体的*领袖*和这个共同体的*担纲者阶层*。晚清以来中国面临的根本危机是,皇朝无政治才干,靠地方儒生平定太平天国,已经预示这个王朝必然衰落。韦伯说过,德意志第二帝国的崩溃,不是由于德军在战场上无能,而是由于帝国缺乏政治才干。第二帝国崩溃之时,韦伯作了《政治作为志业》的演讲,呼唤德意志的有为青年,而非如费希特那样发表"告德意志同胞书"。

四　担纲者阶层的政治德性

一个政治共同体的生命力取决于这个共同体的担纲者阶层具有怎样的政治德性,担纲者阶层的品质是国家的政治存在的关键。法国大革命带出的新政制原则以及新的国际政治状态,并没有改变这一亘古不易的政治常识。

两千多年来,无论更换了多少皇朝,中国一直葆有国家能力,凭靠的是具有优良政治德性的儒生阶层。不妨设想,如果中国在唐代实现了国家的全盘佛教化,自宋以后中国不再是一个儒教国家,那么情形会怎样呢?恐怕与诸多东南亚佛教国家没有什么差别。

古希腊的经典思想家和历代儒家思想家一样,无不对治国者的德性给予首要的关切。"人民主权"的立宪原则并没有改变国家担纲者阶层政治品质的首要性,启蒙观念却改变了担纲者政治德性的内涵:信奉自由、民主、平等就等于具有政治德性。其结果是,自以为具有政治德性的自由人士如雨后春笋。

从政治哲学来看,启蒙思想提出以权利意识代替政治德性作为国家的政制原则，同样是悬而未决的问题。韦伯说过，担纲者阶层的政治抱负与国家的大小有关系，像瑞士这样一个小国家怎么可能产生有政治抱负的人呢？其实未必。日本这个国家不大，应对现代挑战时，日本不是否弃而是依托天皇体制作为宪政立国的根基，并非全民公投的结果，而是少数担纲者的政治决断。

武士阶层的崛起是日本具有军国主义性质的根本原因，武士精神成了国家的担纲者阶层的政治品质，使得这个君主立宪国家天生具有侵略本性。对日本的担纲者阶层的精神品质感到震惊甚至钦佩的中国智识人，绝非只有鲁迅一人。

早在16世纪后半期的丰臣秀吉时期，日本的治国者就意识到，这个岛国的自然机体不稳靠，必须爬上岸占据东亚陆地才安全。丰臣秀吉甚至制定了先夺取朝鲜，然后征服中国，最后夺取印度的宏大战略。

在拿破仑战争的启发下，佐藤信渊的《宇内混同秘策》（1823）本着新的普世精神和权利观念让两个多世纪前的丰臣秀吉战略梦想变成实践目的。

辛亥革命之后，中国的分裂让日本看到了图谋中国东北部的千载难逢之机，积极策划恢复满洲皇朝制。1923年东京发生大地震，让日本的担纲者阶层图谋东亚陆地的心情更加急迫：三个日本校级军官在德国的一个咖啡馆里谋划了入侵中国的"九一八"军事行动。阴谋得逞后不到半年，关东军就在长春建立满洲国，年号"大同"（1932年3月），贯彻仅仅一年前才设计出来的"五族协和"论，把代表日本人（红色）、汉人（蓝色）、蒙古人（白色）、朝鲜人（黑色）、满洲人（黄色）的五色旗定为国旗，还发行了和汉满朝蒙**五族少女**"协和"的邮票。

按主谋之一**石原莞尔**的战略构想，夺取中国东北后，日本当固守新的疆界，南顶北进，进占俄国鞭长莫及的西伯利亚地区。如果当时的日本**宪政当局**采纳了石原莞尔的构想，日本就不会入侵中国中原，而是争取"国际社会"承认日本的新"共和"版图。

1937年从卢沟桥进攻北京之前，宪政国日本一方面积极经营手中木偶满洲国，一方面威逼华北自治，无论"共和"还是"自治"之类的启蒙政治理念，日本的现代武士们都玩得十分娴熟。

东京审判时，检方让石原莞尔出庭作证，他的证词是：**东条英机**是个大蠢蛋。言下之意，要是当年依从他的战略设计，如今中日边境就离北京不到150公里。石原莞尔至死认为，他的战略梦想不过失之交臂而已。

事实上，即便1937年全面抗战之后，直到太平洋战争爆发之前，国民政府的抗战目标也仅是"恢复到七七事变之前的状态"，并不包括收复东三省主权的诉求。换言之，如果没有太平洋战争，即便国民政府将日本人赶出了华北，东三省也仍然归属日本——国民政府领导人的**政治意志之疲弱**，由此可见一斑。

晚清几朝从来没有一个像样的王者,即便有像样的地方儒生才俊也无济于事。共和革命之后,中国成了亚洲第一个自由民主宪政共和国,仍然没有出现一个像样的王者。

有个搞近代史的学者对我说过这样一个观点,要不是袁世凯因尿毒症早死几年,情况恐怕就不一样了——他的意思是,中国也许不至于陷入军阀割据的分裂。这个观点否定了孙中山发起"二次革命"的正当性,但"二次革命"不是为了实现真正的"共和"吗?

"二次革命"的结果是内战连绵,君主立宪的日本国发动的全面侵华战争才逼使中国人放下*真假共和之争*的内战,回到政治生存的本能,*捍卫国土而非"共和"*。蒋介石的"先安内"战略无论有什么实际理由都必然失败,根本原因就是无视国家的政治生存。

大家都知道抗战时期有不少汉奸,但什么是*汉奸论*呢?我从一个文献资料片中听到过一段*汪精卫*的讲话录音,他说,我们打内战老打不完,日本来帮我们结束内战,这次中日战争是中国的最后一次战争。于是我才知道,所谓汉奸论就是:中国人没有能力实现国家的统一,日本人来帮我们实现统一。

被有些人誉为二十世纪第一散文家的胡兰成的说法印证了汪精卫的汉奸论,他在战后写的《山河岁月》中说:日本入侵中国的原因是辛亥革命*少打了几枪*(所谓"用兵不足")。言下之意,辛亥革命后中国陷入内战为日本提供了入侵的正当理由。

可是,内战不是为了实现"宪政梦"吗?上个世纪八十年代不是还有民主精英说,为了实现自由民主,应该让美国殖民中国三百年吗?这不就是说,中国人没有能力实现自由民主,只能让美国人来帮我们实现?

据说汉奸论曾经这样为自己辩护:日本属于儒家文化圈,日本人入主中原后会修复儒家传统,这与满人入主中原没差别。"五族协和"论不就以"实践王道为目的",提倡"乐天知命、注重礼教"吗?这种辩护的荒谬之处在于无视一个政治常识:主权决定宗教。谁会担保日本入主中原后不会立宪规定中华大地奉行神道教呢?

自1940年起,伪满洲国就被规定奉神道教为"国教"。自由人士的脑筋总不至于会认为,美国殖民中国三百年后,连美国也会儒教化吧⋯⋯

如果担纲者阶层的政治德性发生了质变,我们在认识百年共和的历史含义时困难重重,就一点儿不奇怪。

五 百年共和的精神内伤

中国在历史上已经无数次遭遇治国者无能的麻烦,这也是古往今来任何政治共同体都可能遭遇的自然而然的麻烦。由于启蒙观念的影响,现代的政制选择之争让我们的眼睛再也看不到这一自然而然的麻烦。共同体的担纲者阶层因此出现精神分裂,分裂程度之深,史无前例。在可见的将来,西方启蒙给这个文明古国带来的**巨大精神裂伤**也难以愈合,这是我们难以认识百年共和的历史含义的根本困难所在。

中国的百年共和之路经历了三个历史时期,即便对这三个时期的评价也陷入严重的精神分裂。

北洋时期的共和政局一片乱象,政府不仅腐败而且无能,但如今不是也有些公共知识分子说,那个时候是中国最自由的年代吗?从法理上讲,北洋政府是宪政,1921年春,孙中山在广州重建军事政权另立共和政府是**反宪政**,从理念上讲,南北政府是真假"共和"之争。

二次革命失败之后,孙中山醒悟到,必须先搞"专制"才能完成共和革命,两次(1914年和1919年)重塑自己组建的政党。可是,这个政党仍然没有能力统一中国,政党的德性品质低劣是国民党失败的根本原因。

毛泽东带领的共产党群体能够最终建立共和,首先在于这个担纲者阶层的**德性品质**——连美国人也早就知道,国共两党的政治品格不同。抗战初期,罗斯福派白宫警卫队副队长**卡尔逊**上尉到共产党边区做眼线。这位美军上尉跟随八路军转战千里,深受共产党军队的集体精神、爱国精神和官兵平等原则感染,公开赞扬共产党军队,以至于在1939年被迫辞职。

后来,卡尔逊上尉与罗斯福的公子詹姆斯以八路军为楷模,组建了一个营的海军陆战突击队,在太平洋跳岛战役中屡建奇功。有位著名的自由派现代史学者曾撰文说,国共内战时国民党战败的根本原因是,国民党军队里面有很多共产党间谍,可惜他没有问为什么很多。我推荐大家看一本书,张胜将军的《从战争中走来》,从中可以看到老一代共产党人有怎样的精神品质……

中国共产党的性质究竟是民族性的担当还是共产主义的担当,自二战以来就长期让西方政治家感到困惑,我们自己倒不困惑,因为,共产党的政治德性确实是中国传统政治德性与西方现代启蒙德性的混合。由于这两种德性在品质上并不相容,要厘清这种混合德性的性质也就特别困难。

因此,毛泽东是我们学界尤其思想界面临的一大历史难题。我们的宪政所面临的最大难题之一是如何评价毛泽东。谁是中国现代的国父呢?孙中山催生了共和革命却没有能够完成共和革命,毛泽东接着孙中山完成了共和革命。可是,毛泽东的抱负极为高远,要评价他实在太难,孙中山比起毛泽东差十万八千里,要评价孙中山并不困难。

按毛泽东的自我评价,他一生仅做了两件事情:重新统一中国和搞了一场"文化大革命"。毛泽东自己更看重第二件事情。毕竟,中国在历史上陷入分裂之后重归统一已经不止一次,"文化大革命"则史无前例。统一中国仅仅算是中国历史上的功德,"文化大革命"则具有世界历史意义,因此不会有国际性的孙文主义者。

"文化大革命"的构想基于"人民主权"原则,这一原则的要核首先是平等。发动文革之前,毛泽东从美国黑人民权运动中看到,即便美国也还没有实现真正的平等。1963年8月,毛泽东发表声明支持美国黑人民权运动,让黑人民权领袖感到振奋,因为"从来还没有一个强大的国家的领袖向全世界发出过这样的号召"。

美国黑人民权运动随后掀起高潮,一百多个城市爆发武装斗争。1968年4月马丁·路德·金遭枪杀,毛泽东再次发表声明,黑人们拿着《毛主席语录》袭警……对于黑人民权运动人士和第三世界国家来说,毛泽东思想的要核就是"平等"的正义。这一要核不是属于启蒙哲学吗?

为了实现黑格尔所说的世界历史的"自由"精神,共和国必须具有"道德的生命力"。对毛泽东来说,人民民主就是道德的生命力。然而,"文革"使得激进的启蒙德性彻底摧毁自然德性,共和国重新陷入分裂。如果要追究"文革"理念之罪,最终会追究到西方现代启蒙理念头上。

百年共和的历史给我们留下了两个明显的内伤,一个是身体上的,一个是精神上的。身体上的内伤是,自辛亥革命之后,中国因真假共和之争陷入分裂迄今还没有统一。谁在阻挠中国的统一?美国!美国阻挠中国统一依恃的是什么理念?不过是让凯撒的"分而治之"披上普世价值观念的外衣。

精神上的内伤则来自毛泽东为了让中国这个文明古国占据黑格尔的世界历史哲学的最后阶段,以至于如今知识人对这位国父的评价极为分裂,要么恨得不行,要么爱得不行——"文革"的精神遗产是激进启蒙观念导致的中国人的精神内战。哪个民族国家的国父会是这样的呢?想到这点,我心里就难受。

从中国三千年文明史来看,百年历史实在短暂。然而,世界历史的"自由"精神使得百年共和史的中华大地天翻地覆。的确,"俱往矣,数风流人物,还看今朝"……然而,五百年后的中国人回头来看这段历史时会如何想呢?那时的中国还会存在精神分裂吗?我不知道……

我仅仅知道,如果不从柏拉图的《王制》开始彻查西方启蒙理念的是非对错,就没可能正确认识百年共和的历史含义,从而也就没指望治愈我们的精神内伤。

智深勇沉的革命文人
——读陈坚/陈奇佳著《夏衍传》所想到的

一

1977年初秋,我从插队的深山回到城里,在重庆市立图书馆当小职员——这年我第一次读到夏衍的书。

那时我热心学写小说,到图书馆任职后,得知这里有一位文艺界的大人物——陈荒煤先生,十分惊喜。"文革"爆发前的1964至1965年之交,文化部高层受整肃,时任副部长兼电影局局长的陈荒煤被贬任重庆市副市长。没过多久,"文革"来了,荒煤被揪回北京,经批斗后重新发落重庆市图书馆历史资料部当资料员,属于受管控的"黑帮分子"。

这年的秋天比过去十年的秋天都凉爽,是真正的秋天。虽然荒煤先生仍然是"黑帮分子",社会上已经有一些热爱文艺的年轻人(大多是年轻工人或无业青年)私下跟他学写电影剧本。我也想跟荒煤先生学写电影剧本,但在同一个单位与"黑帮分子"接触仍然可能会惹上政治麻烦。

为了考验我的诚意,荒煤先生邀我工间休息时一起在馆内唯一的一条大道上散步,这意味着让所有同事看见我与"黑帮分子"在一起。我若无其事地与荒煤先生这样子公开散了几次步后,他才同我谈学写电影剧本的事情——他要我读夏衍的《写电影剧本的几个问题》(中国电影出版社,1959)。

这本小册子很快就读完,我明白了一个迄今受益不浅的道理:电影艺术是叙事性文学的一种特殊表达方式。讲好故事以及会讲故事仍然是电影艺术的基础,不能写出好的故事,就不可能有好的电影作品。真正的电影艺术家首先应该是叙事能手,这意味着编剧比导演更重要。毕竟,执导更多是一种技艺能力,化用亚里士多德在《诗术》中的说法,电影本身属于诗艺的媒介,真正的诗术在于会编故事。据说,如今一些名导常常苦于找不到好本子,可是他们为何不自己编写故事呢? 当然,电影叙事比小说叙事更难,因为,与戏剧家一样,电影编剧必须在大约两个小时左右把一个故事讲完。

后来我学习亚里士多德的《诗术》才知道,夏衍讲的其实是亚里士多德讲过的道理:由于没有时空限制,荷马叙事诗(有如小说)的叙事要容易得多,有时空限制的肃剧更考验叙事功夫。这样想来也就不难理解,直到如今,我们仍然没有见到几个以编剧名家的文人。

荒煤先生给我讲过一段夏衍改编剧本的往事:小说《红岩》出版后,引起文艺界轰动,于是要拍电影,但小说作者自己改编出来的本子没法用,找了一位编剧家改出来的本子也不可用。夏衍干脆亲自操笔,仅一个星期就改出剧本,大家看了都说好。

夏衍是二十世纪中国首屈一指的电影文学家——不仅是写剧本的能手,也是把小说叙事改编成电影来表演的能手,他改编的鲁迅小说《祝福》和茅盾小说《林家铺子》已经成为世界电影史上的经典之作。

夏衍在《写电影剧本的几个问题》中还说,用电影讲故事应该顾及到中国普通民众看电影的感觉方式,不能过分玩蒙太奇"跳来跳去"。当时我很难接受这个观点,觉得"闪回"、"切入"之类看起来才过瘾。很久以后我才明白,夏衍的说法有深刻的道理:讲故事的首要目的是教育,而从事教育的人心里应该想着中国的国情。

改革开放以后,我们开始追慕现代派文学和先锋派电影,以为那是新鲜玩意儿——夏衍却说,他在三十年代就见识过这些新派技艺:什么淡化故事、淡化情节、淡化人物。夏衍对于文学的理解不仅很质朴,而且很古典——他说,没有故事、没有人物,拍电影干什么呢?

我读《写电影剧本的几个问题》时,夏衍还是"黑帮分子",荒煤推荐我读他的书,等于"黑帮分子"推荐一个年轻人读"黑帮分子"的书。《写电影剧本的几个问题》虽然是夏衍在北京电影学院的讲课稿,却以叙述方式谈电影文学,读起来非常亲切,比我读过的所有电影理论书都要所获更多。

我跟荒煤先生学习仅仅半年时间,1978年春节过后,荒煤先生就被"解放"回北京了。不过,在此之前我还是完成了一篇习作请荒煤先生指教。他看后毫不客气地说:写得干巴巴的,完全是概念化的写作嘛,别搞文学啦!你没这天分,我看你试试搞理论也许还行……我听从了荒煤的劝导。

虽然后来我"搞理论",荒煤推荐我看的《写电影剧本的几个问题》真没白看。这本小册子让我体会到,探讨学理也可以用叙述方式。迄今我仍然在想,中国现代思想史上有太多的大理论问题,难道不可以用叙事方式来探讨,难道不可以像编写剧本那样来思考?

二

如果要以讲个人故事的方式来了解和认识中国现代史的一个侧面,那么,夏衍的人生算得上难得的故事——并非爱好文学的青年才值得听这个人的故事。把握一个人的生平与大历史的关系,需要知道他在什么年龄遇到什么样的历史大事。夏衍生于1900年,逝于1995年,如果我们要把握历史事件与这个人的生平的年龄关系,可以无需换算。比如,1927年,蒋介石搞突然袭击试图一举剪灭共产党,正是在这一年,27岁的夏衍加入正在被剪灭的共产党——如此勇敢基于他的个人信念,也基于他的个人智慧。

如果要把夏衍故事拍成电影,能在两小时内讲完吗?恐怕很难。与所有中国革命的先辈们一样,夏衍的人生故事得分为上下集:上集讲夺取政权的革命时期,下集讲新中国的建设初期。夏衍的自传体回忆《懒寻旧梦录》已经为上集提供了丰富的素材,只等有编剧功夫的人编写剧本。当然,下集的故事对我们可能更有吸引力,遗憾的是,夏衍自己对这段时期的经历没有完整的回忆。

我们这一代人是在夏衍的直接影响下长大的,因为我们从小看的是夏衍主导的革命题材的电影——1954年年底,夏衍被任命为文化部副部长,分管电影和外事。谁从小不喜欢看电影呢?从小看什么故事对一个人的心灵的影响,谁都会有体会。如今的青少年们看的是什么电影呢?

据中国电影史家们说,三十年代的上海电影、五十年代中期至"文革"前的革命电影和八十年代以来的新时期电影是中国电影发展史上的三个最重要的时期,夏衍与这三个时期都有直接关系。如果称夏衍是中国电影的"教父",恐怕不会有人反对。

虽然我是看夏衍主导的革命电影长大的,我熟知他的名字却是从"四条汉子"(之一)这个"恶名"开始的。由于这个"恶名"来自鲁迅的斥骂,我从小就鄙夷夏衍,直到荒煤先生推荐我看他写的书。

不过,当我读夏衍的书的时候,"黑帮分子"这个"帽子"

在喜欢读书的年轻人心目中早已发生颠转：谁是"黑帮分子"，谁就会在我们心目中获得崇敬。这种转变来自1971年秋天的那个震惊中外的坠机事件，尽管当时我刚上高中，听到这个事件时完全不能理解，由于阅历太少，更谈不上思考这个事件的含义。现在回想起来，当时多少有些年纪的人都难免触发连**想都不敢想**的想法。

无论如何，在当时，这一事件对每个成年中国人肯定都是巨大冲击——这种"冲击"意味着什么呢？如今我们知道，事件主人公在遭遇意外之前说的最后一句重要的话是："我一直是一个民族主义者。"说这种话的人怎么会"叛国"呢？一个伟大的民族主义者在二次革命取得胜利的时刻死于"背叛"，几乎让所有的中国人感到不可思议……

在《夏衍传》中我们读到，这个事件对时在狱中的"黑帮分子"夏衍本人的冲击造成了*内省式*的反应：他感到"一团乱麻"……

夏衍从此开始"真正静下心来追寻"自己半个多世纪以来所走过的足迹，"反思自己所作所为的是非功过"。可是，夏衍在*单身牢房*中寻思了足足两年多，既没"解开"也没"理顺"这团"乱麻"。

这团"乱麻"应该属于中国现代思想史。不过，从政治思想史角度来看，这一事件的真相早在当年就已经大白于天下：毛泽东的二次革命的正当性遭遇无法回避的质疑。当然，在不同的人那里，这种质疑会有很大的差异，比如，毛泽东自己不会产生质疑吗？这次事件对毛泽东本人的冲击之巨大，是明摆着的——全国人民都看到，他在一夜之间衰老。即便凭政治常识的感觉，毛泽东也会意识到自己遭遇的是*前所未有的失败*。无论他发动这场革命的动机立意有多高，宪法规定的接班人"叛逃"难道还不足以表明这场革命的失败，还不足以让人们明白这场革命的真相？

也许迄今我们中的有些人真的还不明白，但毛泽东自己恐怕不会不明白，否则，他不会在 1972 年开始一系列举措——那个时候，即便像我这样的高中生也能够感觉到学校的课程变得有些正规了。

我们在《夏衍传》中没有能够看到夏衍当时具体想了些什么，实在是一大遗憾。夏衍是有智慧而且勇敢的文人，也许他自己后来记下了当时所想的事情，但不愿意示人，仅供自己思考。

《夏衍传》追求真实地记录夏衍的人生，不能凭空虚构，不能写成文学作品。但如果要编写"夏衍传"的故事片或电视连续剧，那么，夏衍当时想了些什么，就是难得的"戏眼"之一，**值得虚构**。因为，*按苏格拉底的说法，文学性虚构既是一种思考方式，也是一种教育方式*。毕竟，毛泽东的二次革命与夏衍个人有更为直接的关系。所谓"文化大革命"至少从字面上讲与文化相关，或者说是从"文化领域"开始的。

毛泽东对他的第一次革命的战友们发起革命时，主要凭靠的是几个*文化人*，作为第一次革命中成长起来的革命文化人,夏衍在第二次革命中成了敌人——在夏衍想来,这团"乱麻"当然既没法"解开"也没法"理顺"。如今人们会说,这是**两种文化人的冲突**。令人费解的是:这两种文化人不都属于同一个革命阵营吗?

可以想见,对于夏衍来说,这团"乱麻"的关键在于:如何理解毛泽东发起的第二次革命,这场革命与夏衍曾经参与的第一次革命究竟是什么关系?

在夏衍早年翻译的高尔基的名作《母亲》中有这样一句话:"一个党人的我,除出党的处分之外,不承认任何的裁判……"——这话曾经支撑过无数共产党人的意志。"文革"对夏衍来说当然是"党的处分",可是,这"处分"针对的究竟是什么错误,让夏衍百思不得其解。

如果说第一次革命具有民族主义性质,第二次革命又具有什么性质呢?无论具有什么样的性质,第二次革命的性质都严重伤害了第一次革命的性质。

有的史学家把"文化大革命"的源头追溯到四十年代的"延安整风",有的则追溯到电影《武训传》批判——当时,新中国成立才仅仅一年。如果让夏衍对此发表看法,那他恐怕会认为,前一种观点未必经得起推敲,后一种观点也许不无道理:毕竟,姚文元在 1965 年 11 月 10 日发表的《评新编历史剧〈海瑞罢官〉》史称"文革序幕"。

电影《武训传》批判涉及到应该如何理解"新中国"的新,姚文元的文章涉及同样的问题——毛泽东对文艺现象的关注,体现的是他对自己缔造的新中国新气象的关切。正是为了缔造真正的"新中国",毛泽东才认为必须搞继续革命,以实现彻底的"新"——用儒家公羊派的说法,这叫"当新王"。

令人困惑的是,求中国之"新"的二次革命伤害了中国的"体",甚至孵生出一种厌弃中国的生存情绪。我们知道,自上世纪八十年代改革开放以来,正是因为"文革",一些中国人(尤其文人)开始厌弃做中国人。

直到去世,夏衍也没有谈他得知"九一三事件"后究竟想了些什么——也许并非因为不愿意谈,而是因为有些根本性的困惑让他最终没有解开"乱麻"。他在《懒寻旧梦录》中曾带自我反省地说:

> 我一直有一种错误的想法,以为"五四"以后的知识分子和作家都有一种看不起民族传统的偏见……

这里所说的"五四"一代知识分子和作家当然包括夏衍自己,他当年对电影《武训传》的看法就是一个证明。换言之,夏衍也许意识到,"文革"的求"新"意志兴许正是"五四"新文化精神的延续。鲁迅在"文革"中成了第二革命导师,绝非偶然。既然夏衍是鲁迅斥骂过的从小汽车上"跳下来的四条汉子"之一,他遭遇二次革命的牢狱之灾不是"党的处分"又是什么呢?

难能可贵的是:过去干地下工作时,机敏过人的夏衍没坐过一天牢,在"文革"中他坐了八年半的牢,肩上锁骨被打断,右腿被踢断……要换了别人,早就变成了痛恨中国文明的文人学士,夏衍却没有!

在《夏衍传》中我们看到:上个世纪八十年代初期,夏衍公开批评因"文革"而出现的种种全盘否定中国文明的观点,以至于刚被"解放"又被视为"保守主义"分子——这既需要智慧,也需要勇敢。

三

夏衍虽然是二十世纪中国现代史上的著名文人,但他首先是职业革命家,一个共产党人。无论对于研究中国现代政治史还是思想史,如何理解"共产党文人"都是一个相当引人入胜的理论问题:革命者的德性与文人德性交织在一起会产生出怎样的德性呢?毕竟,毛泽东的诗和文举世公认堪称一流,他对中国古代文史之熟稔,郭沫若也让三分……周恩来对西洋现代文艺以及中国新文艺的喜爱,则是众所周知的事情。

在《夏衍传》中,我读到一个令我吃惊的细节:抗战时期,周恩来日理政务和军机忙得不行,竟然也会注意到张爱玲这样的新派小资作家,甚至读过她的小说。上海解放前夕,夏衍即将出任上海军管会文教接管委员会负责人,周恩来还交代他设法让张爱玲留在大陆。

老一辈革命家各有自己的文艺爱好,比如,在新中国建设时期,周恩来时常关心演员、导演,还亲自出任大型音乐舞蹈史诗《东方红》总导演。毛泽东则对李希凡、姚文元一类学士文人的文章非常敏锐……在《夏衍传》中就可以看到,虽然都是革命家,对电影《武训传》的态度就截然不同。

共产党靠动员农民获得了政权,但的确不能把中国革命简单地称为"工农革命"。毕竟,共产党人不仅在农村和工厂发动革命,也在文艺界发动革命,更不用说以文艺方式动员工农参与革命。发起"左翼作家联盟"是中共中央的决策,由直属中宣部的文化委员会主任潘汉年负责,而文学青年潘汉年后来甚至成了中共特科机关功勋卓著的名将。

说起"革命文学",如今的年轻人恐怕大多没有什么兴趣。其实,"革命文学"并非社会主义革命者的发明,早在十七世纪的自由主义革命时期就有"革命文学"。弥尔顿就是代表之一,他不仅写了大量革命文章和小册子,还写长诗《失乐园》引诱人搞革命,《复乐园》则引诱人在革命遭遇挫败后拒绝放弃革命。

事实上,共产党领导的革命文学运动不仅在中国现代革命史上的意义不可低估,在世界文学史上也应有一席之地。

夏衍不仅是共产党人,而且是特殊的共产党人——他属于周恩来直接领导的中共情报系统的重要成员。在争夺城市领域的斗争中,共产党人善于调派有专长的年轻人进入某个"领域"去发展革命势力。从《夏衍传》中可以看到,周恩来读过夏衍的一些翻译作品后,便指示潘汉年进一步了解这位年轻党员的情况——周恩来作为中共领导人对时文的阅历之广,不能不令人佩服。

当时的上海闸北区委书记康生是夏衍的直接领导人,他对潘汉年说:"这样的文艺人才放在闸北区搞工运,跑跑纱厂,是可惜。"周恩来调夏衍参与筹建左联后不久,夏衍也成了中共特科成员。从此夏衍有了两个身份:公开的作家身份和秘密的中共情报人员身份。

身兼文人和革命情报人员的先例同样可以追溯到英国革命时代——有英语小说和报告文学鼻祖美名的笛福也是个报人,一生涉足过二十六种报纸杂志,写的政论册子据说多达二百五十种。这位著名的自由主义者就曾利用报人身份替托利党充当秘密情报员,到各地搜集舆情。

"情报"的英文是Intelligence,而非Information,这很有意思——德语叫Nachrichten,就没什么意思了。做情报工作,首要的能力是隐藏自己。在敌人眼皮子底下工作,除了需要勇气、坚强、果断、沉着等素质,尤其需要隐藏的智性,这是一种近乎诗艺的智性。

在荷马笔下我们看到,奥德修斯很善于隐藏自己,这甚至成了他的一种德性,以至于在后来的西方文史上,隐藏自己也成了文学主题。美国的国防情报学院有研读修昔底德、色诺芬、西塞罗、李维和普鲁塔克等古典文学大师的规定课程,更不用说马基雅维利。据说,通过阅读这些文学大师的作品,有助于培养情报人员的隐藏能力。

夏衍的《懒寻旧梦录》是一本非常好看而且非常值得一看的书,可惜的是,在这本自传体回忆中,夏衍对自己作为秘密情报人员的经历记叙不多,尽管我们从"怪西人"事件的记叙中已经可以感觉到夏衍与中共特科有特殊关系。

夏衍与潘汉年的关系,应该是夏衍故事中最引人兴味的部分。《懒寻旧梦录》中有涉及潘汉年的事迹,但从未提到隐秘战线方面的事情。在眼下这部《夏衍传》中,作者试图探寻夏衍作为秘密情报人员的故事,由于材料限制,无功而返。

夏衍在"文革"时期被囚禁时,专案组逼着他写自己的经历,这是夏衍后来写《懒寻旧梦录》的起因。不过,即便在逼着写自己的经历的时候,夏衍也未必会**主动交代**自己在隐秘战线方面的事情。这并非不合规矩,反倒是守纪律的表现。

纪律严明是共产党胜于国民党的一大政治要素,隐秘战线向来是单线联系原则,即便是党内的同志,也未必清楚夏衍的秘密身份。夏衍的幸运在于,他的秘密工作还不是打入敌伪取得情报。在为潘汉年案平反时廖承志曾说:"如果打入敌伪取得情报的方针是最高决策者批准的,执行者就不能说有问题。"尽管如此,秘密战线上的**功勋英雄**潘汉年仍然没有逃过偶然性支配的命运。

就关注"共产党文人"这个思想史题目来说,最让人感兴趣的是这样一个问题:一个"党人"会有怎样的文学或艺术感觉,这既涉及对人世的理解,也涉及对政治德性的理解。夏衍在政治问题上感觉极为敏锐,八十年代时,已经八十多岁的夏衍还有极好的政治感觉。他预感到,作为大国的中国和作为强国的日本同处东亚一隅,不可能不碰撞;如果中国从大国走向强国,冲突更不可避免。

另一方面,夏衍在文学和艺术上的感觉也极好,而且不会因政治感觉而影响到艺术感觉。在二十年代末的"普罗文学论战"中,夏衍的"普罗"朋友要他出面写文章攻击茅盾,夏衍读过茅盾的小说后感到自己不能下笔,因为他对文学中的"小资产阶级"有相同的看法。

换言之,虽然是职业革命家,夏衍对文学和艺术的喜爱绝非不纯粹。由此来看,建国后的所谓"文艺战线上的两条路线斗争",仍然延续的是当年"普罗文学论战"的问题。

左翼文人阵营是中共秘密战线的主阵地之一,好些著名青年作家和文人是"地工"。从《夏衍传》记叙的冯雪峰被定为"极右分子"一案来看,建国后的一些著名文艺事件其实与三十年代中共在文艺界的秘密活动有关。

中共隐秘战线的事迹成为文学故事,都会是吸引人的题材——上世纪六十年代马识途的《清江壮歌》,更不用说著名的《红岩》,以及晚近的电视剧《暗算》、《潜伏》、《悬崖》,都是这方面的感人佳作。

遗憾的是,迄今我们还很少看到描写文人身份的隐秘战线故事。关露的故事本身就非常感人,拍成电影却并不成功,还不如文献片感人。如果有谁把《夏衍传》拍成电影或电视连续剧,一定很有看头。毕竟,反映"共产党文人"的文艺作品实在太少。何况,夏衍作为情报人员的故事本身就是一部小说的好素材。

通过小说或电影的方式来探究中国现代思想史上的一些重大问题,至少会很好看。当然,这需要编故事的诗艺技巧,如夏衍在《写电影剧本的几个问题》中所说,蒙太奇是一种"引导或者诱导"的艺术。电影家应该"用最生动的形象和言语,把观众带进戏去,他要对观众采取严肃负责的态度,该看的一定要指给观众看,观众不容易了解的一定要负责讲清楚……"探究思想史问题不同样应该如此吗?教育我们的年轻人不同样应该如此吗?

附录

反法西斯题材电影的一点观感
——"可见的左翼:纪念夏衍逝世二十周年暨三十年代反法西斯电影研讨会"发言稿

被朋友拉来客串这次研讨会,我本来想要谈谈反法西斯电影的"左翼"和"右翼"问题,由于怕引起误会,就把讲题中的"左翼"和"右翼"这两个词去掉了。

这个研讨会的主题首先是夏衍与"左翼文化",正是这个主题让我想到反法西斯电影的"左翼"和"右翼"问题。夏衍以及上世纪三十年代的"左翼文化"研究,我都是外行,但要谈反法西斯电影,的确还得从"左翼文学"说起。

按我的粗浅理解,当时的所谓"左翼文化",其含义可能有两个:第一,宣传抗日主张,第二,表达底层人性在特定人世中的困境。我们知道,由于当时国民政府坚持"剿共"先于抗日,而共产党则积极主张抗日,于是,那个时候谁主张抗日谁就成了"左翼"。

可见,在特定历史时期,所谓"左"有具体含义。事实上,上世纪三十年代的许多知识人成了"左翼",不是因为信仰"共产主义",而是因为要抗日。

就反映特定人世处境中的人性而言,当时的左翼作家主张关注底层人的人性,反对所谓的"小资"情调。共和国成立后的五十至六十年代,当年的"左翼"文人夏衍成了"右翼"分子。这个时候,"左翼"与"右翼"的含义发生了变化。

新中国建立后,"救亡"问题不存在了,坚持共产主义路线成了首要问题。实现共产主义需要特别的精神品质,如果要求所有人都具有这种品质,难免会遇到一个难题,即普通人性是否能够承受这种精神品质。

我们看到,虽然夏衍基本上是在党的意识形态方针的主导下搞电影,仍然难免受到党的指责,原因不外乎所谓的"资产阶级人性论"。

什么是"资产阶级人性论"呢?现在看来真有些不可思议地简单,就是人之常情的"谈情说爱"。革命电影不能"谈情说爱",只能有革命的感情。其实,少数先进分子不"谈情说爱"并非不可理解。问题是,让所有人都不"谈情说爱",不仅不可理解,也没有可能。

可是,谈什么情、说什么爱同样是个大问题。接下来我要谈的反法西斯电影的一点儿观感,就与这个大问题有关。

在座的如果有与我同龄的话,那么,我们都是看抗日电影长大的,例如《地道战》、《地雷战》、《平原游击队》等等。"改革开放"初期我上大学时,两部外国的反法西斯电影让我非常震惊。一部是苏联电影《这里的黎明静悄悄》,另一部是西德电影《小分队》。

这两部电影当时都没有公映,属内部资料片。当时我在北大读美学专业,北大哲学系跟电影资料馆联系后,我们一群师生可以在小西天的电影资料馆里看"内部电影"。

这两部电影为什么对我震动很大?《这里的黎明静悄悄》没有"谈情说爱",不过再现了几个普通女孩子在战争期间如何一个个"平凡地"死去。电影中有一个仅几秒钟的全裸镜头:那个长得最漂亮、身材极好的女孩子在浴室中正面全裸对着镜头……

我的一个同学很有心眼儿,看完电影后他告诉我,当时他没有看银幕,而是看我们这些在看电影的人……他说,当时没有谁——包括教授们——不是恨不得两眼粘在银幕上。

这样的镜头没有丝毫"色情",导演不过展示的是:反法西斯战争尽管让这样美丽的身体如此年轻还没有开花结果就死掉,但她们真的**死得动人**。我感到震动的是,我们的"左翼"电影为什么不能这样子"左"呢?

西德电影《小分队》简单得多,但也让当时的我震动。电影讲述一支德军小分队插入到盟军后方执行特殊任务:那些普通德军士兵在种种遭遇中一个个"平凡地"死掉,最后剩下几个人历尽艰险回到自己的阵地。这部电影给我带来的冲击是:反法西斯电影竟然也可以这么写!毕竟,电影写的是纳粹军队普通士兵的经历。用当时的行话来说,这叫做**反映普通人性**——这样的反法西斯电影应该属于"右翼"吧?

与后来我看到的两部反法西斯电影相比,这部电影就不能称为"右翼"。我要说的首先是著名的**法斯宾德**拍的著名的《莉莉马琳》,这是根据真人真事拍的电影:一个纳粹时期因唱通俗歌曲走红的女歌手的故事。

老实说,这部电影看了让我感动,而且我很难把它归为"右翼"电影。毕竟,莉莉马琳的歌声在前线让德军和苏军的士兵们都热泪盈眶……

另一部电影名叫《夜间守门人》,做电影史研究的大概都会知道,它出自一位意大利名导演之手。问题仍然在于人世中的特殊际遇——故事非常简单:在纳粹集中营里,一个纳粹医生强迫一个少女与他长时期发生性关系。战后,这个女孩做了某个交响乐团指挥的夫人,随夫到意大利演出,住在一家高级旅馆,没想到这家旅馆的夜间守门人正是那个医生:双方都认出了对方是谁。

医生现在是潜藏的前纳粹分子,女孩子一告发,他就完蛋;但医生并非单独潜藏,而是属于一个潜藏团伙,团伙头目要求医生马上除掉这个女孩子。

这部电影给我们讲的故事是:女孩子没有去告发,反而留下来跟医生在一起,医生也没有按团伙指示杀掉女孩……两人有了人生中最为动情的几天爱情,最后双双死于潜藏的纳粹团伙的枪口之下。

我不得不想这样的问题:这部电影也算反法西斯电影?有这样反法西斯的吗?如果要算反法西斯电影,那恐怕只能归为"右翼"。

据说,这部拍摄于上世纪七十年代的电影当时在欧洲引起极大争议。显然,这部电影触及到一个严峻的问题:文艺作品应该如何再现特定人世处境中的人性。我们知道,电影属于大众化的艺术形式。我们始终得问,通过电影叙事,艺术家究竟要传达给普通观众什么呢?《夜间守门人》这部电影要告诉人们的是什么呢?

看完《夜间守门人》这样的电影时,我觉得欧洲有的艺术家实在邪乎得很……我并不怀疑,历史现实中可能真的发生过这样的事情,毕竟,人世中什么事情都可能发生。问题在于,什么样的事情或"谈情说爱"值得一门追求美的艺术去再现呢?

没有想到,十多年后,当我看到我们自己的一些新派反法西斯电影时,更让我感到惊诧。比如《色戒》,比如《金陵十三钗》……就题材而言,它们都属于"反法西斯电影"吧?但它们是反法西斯电影吗?如果是的话,恐怕实实在在得算是"右翼"。在我看来,《色戒》比《夜间守门人》邪乎得多……

无论如何,这两部电影让我想起了从前关于文艺路线的"左翼"与"右翼"划分。夏衍主导革命电影的年代,他会因所谓"普遍人性"而受到指责,但是,如果他看到如今我们的艺术家反映的是这样的"普遍人性",他恐怕会晕过去……

近些年好电影不多,好电视剧不少,其中有大量作品是反日本法西斯题材,比如《悬崖》就相当精致,而且品质正派……不过,令我费解的是,一些抗日题材的电视剧采用了**喜剧形式**。

按亚里士多德《诗术》中的说法,喜剧是对人性中的低劣品质的嘲讽。即便要反映特定人世处境中的特殊人性,我实在想象不出,反日本法西斯的抗日题材如何可能做成喜剧。写军阀混战,可以娱乐性地搞笑,写一个民族以血肉之躯抗击野兽般的日本军的故事,也可以娱乐性地搞笑?这让我实在感到困惑。

电影史上已经有不少反法西斯电影的经典之作,今后一定还会不断出现反法西斯题材的电影。我相信,任何反映特定人世处境中的特殊人性的影视作品,首先反映的其实是剧作家或导演自己的**人性品格**……

苏格拉底在《斐德若》中说过,辩证地审视人世中的灵魂,就应该看到灵魂既有"左翼"也有"右翼"。

我们为什么有必要学习古代世界历史
—— 《古代世界历史地图集》中译本前言

1868年的冬季学期,瑞士巴塞尔大学史学教授布克哈特(1818—1897)开设了一门名为"史学研究导论"的专题课程。从名称来看,这门课程是为刚刚形成不到半个世纪的史学专业开设的。可是,布克哈特开讲就宣称,这门课程的目的"不是要培养[专业]史学家",而是"要让学生具有一定程度的能力,每个接受大学教育的人都应该培养这种能力"。

布克哈特告诉学生们,如今"史学已经高度专业化,即使一个非常小的个别问题,也可能已经有若干专著研究过"。投身史学专业,就得准备为澄清某个很小的历史事实耗费好几年时间。在十九世纪的大学,所有传统学问都在走向高度"专业化"(the professionalization)。

在布克哈特看来,大学的专业化训练并非是为了让学生今后"以所学专业为终身职业",而是为了让年轻的灵魂学会如何聚精会神地获取知识,"培养科学研究所必需的严肃品格"。布克哈特告诫说,任何学科的专业化都有一种危险:让人忘记学科训练仅仅是通向精神自由的一种途径。布克哈特所谓的精神自由指"在智慧和情趣方面超脱日常无聊","不让报纸和小说"——如今我们得说媒体网文——荒废自己的精神。①

布克哈特在近一个半世纪之前的教诲明确针对当时正在形成世界趋势的现代民主文化。他在自己的课堂上讲授世界史课程时说道:

> 普遍民主作为一种懵懂的冲动,从法国革命及其对人性本善和人人平等的信念中喷发出来,涌动于各个民族的里里外外。随之出现的是显著的同质性;普遍民主的基本特征以普选的形式得到了君相们本人的承认,普选可被扩展为对几乎任何事情的公投。②

民主文化让"几乎任何事情"诉诸公投不仅荒谬,而且

---

① 布克哈特,《世界历史沉思录》,金寿福译,北京:北京大学出版社,2007,页14—15(以下简称《沉思》,并随文注页码)。
② 布克哈特,《历史讲稿》,刘北成、刘研译,北京:三联书店,2009,页75(以下随文注页码)。

表明一个国家或民族已然丧失精神自由。毕竟,涉及一个国家的精神生活乃至政治生活的品质或优或劣的任何分歧,都不可能靠公投获得解决。布克哈特看到,民主文化的基本品质就是"日常无聊"。在商业民主化的时代,大学教育固然史无前例地普及,但民主化的大学不可能让大学生在"智慧和情趣方面超脱日常无聊"——即便设立必修的通识教育课程也无济于事。

布克哈特的"史学研究导论"就是如今的通识课,但他心里清楚,并非每个被迫接受大学教育的学生都天生具有"超脱日常无聊"的意愿。何况,民主化的大学培养出来的教师很难具有讲授通识课程的资质和能力。毕竟,学科专业化的所谓学术规范一直在摧毁热爱智慧的情趣,让年轻的头脑因长时间"过分专注地研究"某个"内容单调且索然无味的"课题而过早患上"脑瘫"(《沉思》,页16—17)。

既然如此,布克哈特为何要在巴塞尔大学开设"史学研究导论"这门课程,而且不是为史学专业的学生开呢?布克哈特看到,已然形成世界趋势的民主文化是一个不祥的趋势,它标志着世界历史进入了史无前例的"危机"时代。面对这样的时代处境,如果现代的大学还不至于敢公然背弃人类古典文明关于教育的传统定义,即让受高等教育的年轻人获得对自己所处时代的事件或人物以及精神状态具有明辨是非对错好坏优劣的认识能力,就应该让大学生了解甚至研究世界历史。

布克哈特觉得,既然自己作为大学教师总得开设某种课程,就不如开设"史学研究导论"这类通识教育式课程。他相信,与其给年轻的大学生灌输民主的**自由权利意识**,不如让他们学会"审视过去"。他用"观察"来命名这种精神活动,这是真正的自由人的"权利和义务"。

通过观察世界史获得"普遍的和历史的知识",不仅有助于一个国家的年轻人"撇开个人的和暂时的担忧和顾虑",去了解处于变化中的人类状况,而且会使得**天素优秀的**年轻灵魂"向高处攀登"。

世界历史告诉我们,世上的多数人其实是"在最为简单的平民生活中度过的,一切不过是为了填饱肚子"。普遍民主观念出现以后,史学也被要求用平民"眼光"看待历史。在大众传媒的推波助澜之下,民主观念推崇的这种"观察和推理"方式进入精神生活的各个角落,导致了"听觉上的巨大混乱"。布克哈特非常自觉地要让自己的**史学通识课**抵制这种平民"眼光"的史学,让史学保持其**古典品格**:historia vitae magistra[探史是生活的导师]的含义是,热爱智慧的人通过认识过去让自己变得明智。因此,布克哈特说,世界史的"**观察对我们意味着自由**"。①

1870年冬季学期,布克哈特第二次讲授"史学研究导论"课,已经获得巴塞尔大学古典学教席的26岁年轻人尼采

---

① 布克哈特,《沉思》,前揭,页8—9,11—12,14。

也坐在讲台下面听讲。在后来的整个一生中,尼采都称布克哈特是"伟大的教师"。①

二

现代意义上的世界史发端于启蒙运动时期,而且与**商业行为**相关。1729 年 10 月,伦敦的八位书商和印制商在《编年月刊》(*Monthly Chronicle*)上刊出一份联名签署的图书征订广告:即将出版一部名为《普遍历史:自最早的时代叙述到当今》(*An Universal History from the Earliest Account of Time to the Present*)的史书,分"古代"和"现代"两个部分出版。征订广告称,《编年月刊》将以连载方式刊发这部《普遍历史》,然后结集成书——当时流行这种出书前先连载的出版方式。

书商们没能做到按月连载,拖拖拉拉差不多 15 年后(1744),"古代部分"(the Ancient Part)才杀青。毕竟,那个时候的大学还没有**史学专业**,撰写这部史书的并非是某些个史学家,而是书商为了赚钱找来的几位**业余写手**,其中两位曾因在报纸上胡编乱造"史话"以 impostor [骗子]闻名。

----

① 尼采与布克哈特的关系,参见洛维特,《雅各布·布克哈特》,楚人译,北京:商务印书馆,2013,页 36—76;Alfred von Martin, *Nietzsche und Burckhardt*,增订第二版,München,1942,页 11—18;穆瑞,"《古希腊文化史》英译本序言",见布克哈特,《希腊人和希腊文明》,上海:上海人民出版社,2008,王大庆译,页 21—30。

主要写手之一是个浪迹伦敦的法国人,他用笔名普萨尔马纳扎(George Psalmanazar,1679—1763)经常给报纸写文章。为了在传媒出名,他在25岁那年就曾剽窃荷兰传教士的回忆录编造过一本关于台湾的书,谎称自己原籍台湾,其父是在台湾传教的荷兰传教士……

尽管如此,《编年月刊》上连载的这部《普遍历史》很快开始风靡欧洲:1732年,法国的书商开始翻译连载,1734年,意大利的书商开始翻译连载,德意志的书商则在1745年直接翻译"古代部分"合订本——大名鼎鼎的伏尔泰和吉本都采用过其中的"史料"。① 随着贸易和自然科学双双快速发展,欧洲智识人渴望全面认识世界历史。

英国书商组织写手编撰这部世界史并非为了搞启蒙,毋宁说,这一商业行为既反映了英格兰王国崛起时的需要,也反映了十八世纪新知识状况的需要。现代中国知识人以为,西方人很早就有了世界史,其实,现代意义上的世界史最早出现在十七世纪末至十八世纪初期的英国。何维尔(William Howell)的《通史要义》(*Institution of General History*, 1680)和雷莱夫(Walter Raleigh,1554—1618)的遗作《世界史》(*History of the World*, 1702)尽管相当粗疏,在当时却颇为

---

① 关于这部《普遍历史》的编写和出版过程,见 Guido Abbattista, "The Business of Paternoster Row:Towards a Publishing History of the *Universal History*(1736—1765)",刊于 *Publishing History*, 17(1985),页5—49,编撰缘起见页8—9。

风行。

由于这两部通史仍然以欧洲各民族的历史为主,涵盖面不足,采用同时代的编年史和地理学的新材料也不多,书商们就想到,搞一部新的《普遍历史》销量必定可观。毕竟,随着国力上升,那个时候的英国人对世界历史的兴趣大增。

据统计,截至 1730 年,以征订方式在英国出版的专书有 388 种,其中 128 种涉及历史。夏克福德(S. Shuckford)的《圣和俗的世界史》(*Sacred and Profane History of the World*, 1728),以及斯潘海姆(F. Spanheim)的《编年史和圣史导引》(*Introductio ad chronologiam, et historiam sacram*, 1727)销路颇佳,让书商深受启发。① 我们难免想起,晚近十年以来,我国国力急速上升,与此同时,各色书商及其选题构想层出不穷——如今该轮到世界史了……

然而,真正的史学功夫并不在于*知道*世界历史的史事,而在于*认识和解释*史事。孟德斯鸠在《论法的精神》(1748)中阐述现代民主政制原则时,已经力图凭靠当时已知的世界地理新轮廓所提供的*世界史视野*来增强其论证的说服力。

在孟德斯鸠激发下,索邦神学院高材生杜尔哥(1727—1781)雄心勃勃,23 岁那年(1750)写下了堪称划时代的两篇

---

① 参见 Daniel Woolf, *Reading History in Early Modern England*, Cambridge, England, 2003,页 284–285。

论著纲要("普遍历史两论大纲"和"关于政治地理学的论著纲要"),将自己关于俗世的进步论"普遍历史"(histoire universelle)的思考与政治地理学结合起来。他提出的问题包括:全球范围内不同国家的自然地理资源及其分布对商业文明的影响,地理的自然交通条件(河流、海洋)对国家间敌友关系的影响,自然地理因素与民族[国家]性格及其德性的关系等等。①

杜尔哥相信,贯穿整个人类的一条普遍历史的发展线索是:由于商业交往不断增多,人类将走向柔化的民主道德,即所有人将获得"基本的人性化权利"。商业活动不仅是人类物质生活进步的基本推动力,也是人类道德从义务变成权利这一精神进步的推动力。②

可以设想,如果按杜尔哥的历史哲学观来编制一部世界历史地图集,那么我们看到的会是,原初处于野蛮状态的人类如何从狩猎状态、游牧状态到农耕状态再向商业状态演进。③ 直到今天,好些世界历史地图集仍然是按这种启蒙哲

---

① 参见沃格林,《危机与人的启示》,刘景联译,上海:华东师范大学出版社,2011,页135。
② 参见 Ronald. L. Meek 编/译,*Turgot on Progress, Sociology and Economics*,Cambridge Uni. Press,1973/2010,页73—75。杜尔哥的《关于财富的形成和分配的考察》(唐日松译,北京:华夏出版社,2007)刊布于1766年,十年后,亚当·斯密出版了《探究国民财富的性质和原因》(中译本:《国富论》,郭大力、王亚南译,北京:商务印书馆,1974/1996)。
③ 康德在1786年发表的《人类历史揣测的开端》一文对这种四阶段论有简厄精炼的描述,见《康德全集》卷八,李秋零译,北京:中国人民大学出版社,2010,页121—123。

学式的文明史观来编制的。①

1753，伏尔泰的《论诸民族的道德风习和精神》出版，史称第一部现代意义上的"世界史"专著。毕竟，英国书商搞的《普遍历史》的"现代部分"（the Modern Part）在1759年开始连载，直到1768才连载完。1763年，伏尔泰又为自己的这部"普遍历史"添加了长达两百页的题为"历史哲学"的"导言"，据说因此获得了发明"历史哲学"这个语词的思想史声誉。②

伏尔泰的世界史叙述"八卦"说法居多，水分太大，他的"历史哲学"看起来也委实不够哲学。接下来具有影响力的**普遍历史哲学**式的世界史，非黑格尔的《世界史哲学讲演录》莫属。③

黑格尔的世界史从"自由理念"的朦胧状态开始，把现代的**公民社会**式国家的形成视为世界历史的"必然"进程。实证史学出现之后，史学家大多蔑视黑格尔的普遍历史哲学，认为它只有"观念"，没有多少实实在在的"史料"。其

---

① 参见巴勒克夫拉主编，《泰晤士世界历史地图集》，毛昭晰、刘家和等译，北京：生活·读书·新知三联书店，1985，页34—39；比较《钱伯斯世界历史地图》，杨慧玫译，北京：生活·读书·新知三联书店，1981；亦参吴于廑主编，《大学世界历史地图：从地图看世界历史行程》，北京：人民出版社，1988/1997。

② 中译本见伏尔泰，《风俗论》，三卷，梁守锵译，北京：商务印书馆，2013。

③ 黑格尔，《世界史哲学讲演录》，刘立群等译，北京：商务印书馆，2014；尤其参见黑格尔，《法哲学原理》，范扬译，北京：商务印书馆，1961/1995，页351—360。

实,黑格尔提出的"东方世界"、"希腊世界"、"罗马世界"、"日耳曼世界"的"世界史划分"及其历史演进过程,使得启蒙主义的"进步论"史观更为明晰,为好些实证史学家的世界史叙述提供了指路明灯。

三

在布克哈特看来,启蒙哲人们的所谓"历史进步"一类说法纯属胡扯。这类历史哲学式的说法不过想要在政治现实中获取"迫切需要的东西",严肃的史学恰恰应该抛弃这些东西,尽可能客观地观察和描述"过去的斗争、冲突和多样性"。

布克哈特的世界史观察拒绝从人类的"野蛮"状态开始,而是从人类的"文明"状态开始。他的理由是:"只有文明民族而非原始民族,才可纳入较高意义上的史学。"因此,世界历史绝非是一个从野蛮到文明的线性进步过程,否则就无法解释,为何古希腊罗马文明能够"垂范后世,无法企及",或者为何直到近代,游牧民族仍然威胁着已经有上千年文明史的农耕民族的政治体。从"野蛮"状态开始看世界历史,不过是霍布斯以来的启蒙哲人用虚构的"自然状态"思考国家问题所导致的可笑结果。

布克哈特非常担忧:由于启蒙史学的普及,欧洲"受过教育的人"不再能够理解自己的古代文明,商业民主时代的"公众所支持的'文化'甚至厌恨"古代文明。受过民主的启蒙教化的大众对现代商业文明满怀自负,根本不知道技术物质进步绝不等于道德文明进步,"只要求共同体尽一切可能确保自己的人身和财产安全","一心为自己的生存讨价还价"——"古人则相反,要么拥有一切,要么一无所有,不惧怕灾祸。"①

布克哈特在一百多年前的教诲仿佛就是对今天的我们说的。如今,我们在技术物质方面取得了巨大成就,但我们不仅需要学习中国的古代历史,也需要学习世界的古代历史——这与史学专业的事情无关,而是与保有文明危机意识相关。我们的史学专业更多关心启蒙哲学所说的历史进步,而非文明危机。

与抵御外敌时打仗一样,学习历史断乎离不了地理知识和地图——历史是文明民族的生活经历,由大大小小的事件汇集而成。任何事件的基本要素都是时间、地点和人物:何时、何地、什么人做了什么事。无论史书还是史学,都是文字描述,离了地图,就无法直观地呈现事件发生的地点乃至过程。

由德国的古典学学者编制的《古代世界历史地图集》以历史地理学的方式来展现古代世界的政治和军事史,并通过对历史事件进行分层来展现古代世界的经济、行政、宗教和文化领域的发展状况,为我们学习古代世界历史提供了有益的指引。尤其难得的是,《地图集》所附文字扼要阐释了古

---

① 布克哈特,《历史讲稿》,前揭,页1,6—7,83,187。

代世界的文明含义及其被探索的过程。

我们组译这部古代历史地图集并非为了古代世界史专业或古典学专业的业内人士,更非因为如地图集的编者所说,"随着全球化的到来,世界似乎正在变成真正的地球村。"事实上,即便世界正在变成"全球化"的地球村,也未必有多少人会生发"研习世界上曾经存在的古代文明"的愿望。我们组译这部历史地图集,仅仅为了让所有愿意"在智慧和情趣方面超脱日常无聊"的**中国年轻人**懂得:近两百年来,中国所遭遇的"征服世界的力量"究竟是怎么来的。

这部地图集演示了宏大的古代世界历史,时间跨度上起公元前三千纪(古代近东)、下至公元十五世纪拜占庭帝国覆亡,尤其聚焦于古典时期东西文明之间的交往。编者"以冷静、公正的态度回顾人类历史……不再局限于地中海世界的希腊、罗马文明",而是涵盖古代近东地区诸多文明,关注的主题也更加宽泛。

尽管如此,这部历史地图集并没有涵盖古代**远东文明**。对中国和印度古代文明只字不提,能够擅用"世界"这个语词吗?

四

这部历史地图集的编者们的"世界史"观念将整个远东地区的古代文明排除在外,我们禁不住马上要给他们扣上一顶"欧洲中心论"的帽子。不过,我们应该知道,史称现代史学奠基人的兰克(1795—1886)在85岁那年(1880)开始出版的多卷本《世界史》,已经将远东古代文明排除在他的"世界史"观念之外。

在兰克看来,"世界历史"不是自然史,而是政治史:相互争斗才使得民族或国家走出自然状态,形成文明意识。因此,"世界历史"这个概念指文明民族之间相互斗争的历史,或者说,各个不同文明民族之间的相互争斗才形成了世界历史。

兰克把中国和印度古代文明排除在"世界历史"之外的理由是:只有在古代的近东和地中海周边才出现了诸文明国家(或称为"大国")之间的激烈拼搏。① 相比之下,古代的远东地区从来没有出现过如此激烈的"大国"冲突。中国和印度这两个文明古地在发展出"被视为人类所有文明发展之源"的政制之后,就"静止不变"了。②

布克哈特尽管不赞同自己的老师兰克的"大国"冲突论,他同样把中国和印度等古老"文明民族"排除在古代世界历史之外,其理由与兰克如出一辙:"古代世界的历史,是其他生命汇入欧洲生命的民族的历史。"

---

① 参见兰克,《历史上的各个时代》,约尔旦/吕森编,杨培英译,北京:北京大学出版社,2010,页13—14。
② 兰克,《世界历史的秘密》,易兰译,上海:复旦大学出版社,2009,页334—335(以下简称《秘密》,并随文注页码)。

环地中海和远至波斯湾的各民族实在是一个生机勃勃的存在,是最优秀的活跃人群。在罗马帝国中,这一存在果然达成了一种统一。只在这里,精神的各个前提才得以实现;只在这里,发展才占优势,没有绝对的衰落,而只有变迁。

在与日耳曼民族新的融合之后,在又一个1500年或2000年之后,这一活跃的人群重新脱颖而出,它消化了美洲,而今即将彻底打开亚洲。还有多久,一切消极的存在都将被它征服和浸透?非高加索人种抵抗、屈服、灭亡。埃及人、巴比伦人、腓尼基人,那时已为这一征服世界的力量奠定了基础。不但通过跳跃和对立面的激发,也通过缓慢的发展,我们在精神上与他们联系在一起。能够从属于这一活跃的人群,实乃幸甚。(《历史讲稿》,页2)

布克哈特认为日耳曼民族是世界上最伟大的民族,理由在于"至少它不像古希腊人那样自我耗尽,也没有被其他民族摧毁",即便遭遇强劲对手,也会成为自己焕发新生的机遇:

> 如果有谁忽略伊斯兰而想象历史,他肯定也会忽略伊斯兰作为对手带给拜占庭帝国的哪怕是短暂的复兴,以及后来通过十字军带给西方的复兴。(《历

史讲稿》,页32)

无论兰克还是布克哈特,其"世界历史"观的基础都来自古希腊人赫拉克利特的自然哲学和修昔底德的政治史学:"自然界的历史告诉我们,要想生存就不能避免令人心惊肉跳的斗争,而这种斗争也延伸到人类的生活和历史中";因此,"生命只能在运动过程中孕育,不管这种运动有多么痛苦"(《历史讲稿》,页247,248)。

"斗争"是赫拉克利特自然哲学的关键概念,"运动"则是修昔底德政治史学的关键概念。与兰克一样,布克哈特理解"世界历史"的立足点是现代欧洲所经历的剧烈"历史运动",而他们仅仅在古代的地中海周边世界才见到过类似的"历史运动"。因此兰克说,历史中的"普遍联系"是"世界性的国际关系",这种关系体现为欧洲各王国之间的殊死搏斗(《秘密》,页328)。

对我们来说,"民族国家"是个现代概念,对于兰克或布克哈特这样的世界史家来说,则会是个古代概念。用这个概念来看待地球远东地区的历史毫无意义,毕竟,在远东的古代,并没有出现文明国家之间的冲突,长期存在的仅仅是定居的"文明"政治体与游居的"野蛮"政治体的冲突。与现代中国遭遇源自欧洲的世界历史"运动"相比,古代中国被元人和满人征服真算不上被征服。

二十世纪的西方史学大师布罗代尔在为整个欧洲的

中学生写的世界史教科书中还说:"远东那些伟大的文明,尤其是印度文明和中国文明"遇到的麻烦,主要是"其疆域内蒙昧原始的地区"。当然,"来自广袤的沙漠和大草原(对中国来说在其西部和北部,对印度来说是在其北部和西部)"各游牧民族的入侵威胁具有"天罚般的"力量。但是,这些民族尽管"凶猛、残酷、富有亡命徒精神","对我们现在的文明研究"并没有什么重要意义——"他们令人难以置信的劫掠无疑延迟了与他们毗邻的那些大型文明的发展"。①

如今的中国知识人喜欢自豪地说:纵观整个世界历史,唯有中国文明政制在数千年的历史颠沛中不绝若线,无论种族还是政体更不用说语文,从未遭遇过覆亡。然而,早在十八世纪,西方的启蒙思想家们就对这种自豪感表示过轻蔑,并对中国文明的历史延续性给出过"合理解释":古代中国的文明政制能够长期存在,不过是因为没有遭遇过强健的文明民族的攻击。休谟的说法还算比较客气:

> 虽然中国政府是纯粹君主制,但确切地说,它不是绝对专制。这是由于中国有如下特点:除了鞑靼人之外

---

① 布罗代尔,《文明史:人类五千年文明的传承与交流》,常绍民等译,北京:中信出版社,2014,页201—202。

它没有什么邻国;对鞑靼人,中国由于建造了万里长城,还由于人口极多,某种程度上还是有安全保证,至少看上去有安全感。①

康德的说法就不那么客气了——他在谈到战争是"文化"的推动力时说:

> 只要看看中国:它按照自己的位置也许必须一度担心一场出乎意料的侵袭,但却无须担心任何强大的敌人,且因此自由的一切痕迹在那里都被灭绝。所以,在人类目前尚处的文化阶段上,战争是使文化继续进展的一种不可或缺的手段;而且唯有在一种文化完成(谁知道什么时候)之后,一种持久的和平才会对我们有益,而且也唯有通过那种文化才有可能。(《人类历史揣测的开端》,前揭,页124)

康德在这里所说的"文化"就是布克哈特的时代已经成为世界历史趋势的现代自由民主文化——如今我们追慕的"全球化"。即便布克哈特也自豪地在历史课上说:

---

① 休谟,《人性的高贵与卑劣》,杨适等译,上海.上海三联书店,1988,页47。

> 无论我们为之喜悦或悲哀,有一件事情是我们无需期盼而只能作为现实而遭遇的,即欧洲作为多种生活的一个古老和崭新的中心,作为产生了最为丰富的形态的地方,作为融入这么一个整体的所有对立面的家园,一切知识见解都在这里发出声音,得到表达。
>
> 这就是欧洲:在丰碑、图画和言辞中,在制度、政党直至在个人中,所有力量的自我表达;所有方面和向度上充实的精神生活;精神为留下关于它所经验到的一切事物的知识而奋斗,不去默默服从各种世界君主制和神权政治,就像东方因其一元化君主制而做的那样。(《历史讲稿》,页179)

游牧民族入侵并入主中国并没有中断中国文明,而是让自己融入了中国文明政制。满人仅仅在如下意义上"延迟了"中国文明的发展:未能即时地有效应对西方民族为了实现自由民主文化而发动的东征。在康德式的"文化"战争的冲击下,中国第一次遭遇强健的文明民族的攻击——中国虽然还没有覆亡,知识人的文明意识已然濒临覆亡。

五

无论如何,《古代世界历史地图集》的编者们把中国的古代历史排除在外,并非没有他们的理由,我们没必要感到自己的文明情感受到伤害。相反,我们倒是应该深入认识他们欧洲人所理解的"古代世界历史"。

宋人赵汝适的《诸蕃志》记载外国达58国之多,我国文史家称之为中国最早的"世界"地理书。① 可是,哥伦布在1492年发现美洲以及葡萄牙人在1498年开通印度航线后,西方航海家不断发现新的陆地催生出第一批现代的世界地图,而大约绘于1620年代的中国式世界地图仍然是以南海为中心。②

必须承认,我国古人自古以来的确没有经历过惨烈得你死我活的国际性文明政制冲突。1913至1914年间,掌控印度的英国殖民统治者趁中国帝制崩溃后的乱局制造了非法的麦克马洪线。1959年,趁中苏关系交恶之机,印度的自由民主政权试图进一步蚕食中国西南部领土,至1962年晚夏,蚕食陡然升级。中国与印方多次协调无效,于十月发起反击,并宣布中国军队"不受非法的麦克马洪线的约束"。

尽管如此,成功打击入侵印军后,中国领导人随即宣布从非法的麦克马洪线以南后撤,主动求和。欧洲政治家对此百思不得其解:一个大国在战场上取得完胜之后主动回撤,不利用军事胜利索取更多的东西,世界历史上"有史以来这

---

① 参见杨博文,《诸蕃志校释》,北京:中华书局,1996。
② 卜正民,《塞尔登的中国地图》,刘丽洁译,北京:中信出版社,2015,页4—6。

还是第一次"。①

欧洲人不能理解,在毛泽东的历史意识中,中国与印度这两个比邻的文明大国在历史上从未因相互觊觎而兵戎相见。尽管自由民主的现代印度政治家从西方殖民者那里学来了觊觎别国土地的恶习,毛泽东仍然秉承中国的文明传统善待历史上的友好邻邦。1962年11月,中国外交部的一份涉及中印边境问题的外交信函措辞已经相当温和,毛泽东亲自修改得更温和。②

纳兰容若(1655—1685)奉使索伦途中写过一首出塞词《蝶恋花》,其曰:

> 今古河山无定数。画角声中,牧马频来去。满目荒凉谁可语?西风吹老丹枫树。
> 幽怨从前何处诉。铁马金戈,青冢黄昏路。一往情深深几许,深山夕照深秋雨。

纳兰容若饱读中国诗书,才获得如此"情深而文明"的感觉。中国文明的伟大教化力量的确在于,生于清初的纳兰容若出塞后也会觉得"满目荒凉",并用极佳的中文修养

---

① 马克斯韦尔,《印度对华战争》,陆仁译,北京:世界知识出版社,1981,页473。
② 中共中央文献研究室编,《毛泽东年谱》卷五(1961—1966),中央文献出版社,2013,页170—171。

来表达自己的"荒凉"感,虽然这"满目荒凉"之地就是游牧部族曾经的家园或争战之地。游牧部族的英雄做了中国皇帝,也带领诸多北方游牧部族归顺了华夏文明政制。

如果纳兰容若出塞后继续往西去,穿过中亚,进入后来大英帝国著名历史地理学家麦金德(1861—1947)所界定的欧亚大陆"心脏地带"的"大低地"地区,他会看到什么呢?他会看到,由神圣罗马帝国的宗教内战演变而来的一场历时三十年的欧洲国际战争刚刚结束,到处满目疮痍。①

一百年后,德意志诗人、史书作家席勒(1759–1805)在法国大革命爆发之后出版的《三十年战争史》(1791)中还说:由于这场战争惨烈得史无前例,诗人要闭嘴,史家要闭上眼睛。②

纳兰若容主持编纂了《通志堂经解》,熟悉华夏文明的历史。但是,由于缺乏欧洲的"古代世界历史"知识,即便他看到德意志三十年战争(1618–1648)的惨烈场景,他也不会明白,这场战争标志着史无前例的世界历史"运动"正在形成:《威斯特伐利亚和约》虽然确立了欧洲国际关系中的国家领土、主权与独立等原则,却拉开了欧洲土地上更为持久、更为惨烈的国际战争的历史帷幕。

---

① 战争期间(1629年),31岁的霍布斯出版了自己翻译的《伯罗奔半岛战争志》英译本。
② 席勒,《三十年战争史》,沈国琴、丁建弘译,北京:商务印书馆,2010;亦参 R. G.. Asch, *The Thirty Years War. The Holy Roman Empire and Europe 1618—48*, London, 1997.

随后,基于"自然状态"和"自然权利"论的民主理论在欧洲连绵不断的内战和国际战争中长足发展,并终于迎来了法国大革命。法国大革命由一场内乱摇身为普世"民主理想"的化身,随后的拿破仑果然采用康德所说的"战争"这一"不可或缺的手段"来实现普世的"民主文化"理想。①

"拿破仑从西班牙到俄国的战争让每个人都知道,革命不仅仅是法国的宪政改革问题",更是"民主理想"的国际化问题。华盛顿在 1798 年已经写信告诉拉法叶:自由民主的种子"将会一步步长遍全球","美利坚合众国将成为所有国家的立法者"。② 长达 16 年的拿破仑战争(1799—1815)虽败犹荣,1815 年的"神圣同盟"条约不过"一纸崇高的废话",从国际法角度来看则是一纸空文。

拿破仑战争之后的一百年内(1815—1914),由"普遍民主"理想所驱动的战争迅速扩大为今天的世界性战争,"普遍民主"的欧洲式"运动"一步一个脚印吞噬世界历史中所有文明民族的"今古河山"。如沃格林所看到的,从 1648 年的《威斯特伐利亚和约》到 1944 年的《雅尔塔协议》,三百年间无数的和约仅仅证明:人们绝不应

---

① 杜尔哥的学生孔多塞在大革命的疾风暴雨中按启蒙哲学的文明史四阶段论勾勒出历史精神的进步纲要,参见孔多塞,《人类精神历史进步史表纲要》,何兆武、何冰译,1973/2010,页3—4,13—22。
② 沃格林,《危机和人的启示》,前揭,页207。

该再相信,这个世界凭靠一份国际条约就"可以免除困苦和恐惧"。①

纳兰若容这样的**皇族精英**如果在其有生之年知道一点儿世界历史地理的政治知识,帝国的命运说不定会有所不同。可是,说到**历史地理学**,我们又难免有历史自豪感。据说,《汉书·地理志》中的下面这段话表明我国早就有了历史地理学:

> 汉兴,因秦制,……至汉武攘却胡、越,开地斥境。先王之迹既远,地名又数改易,是以采获旧闻,考迹诗书,推表山川,以缀禹贡、周官、春秋,下及战国、秦、汉焉。

然而,由于古代中国从未遭遇过**特洛伊战争、希波战争、亚历山大东征、布匿战争、马其顿战争、十字军东征或英法百年战争**那样的文明冲突,中国的历史地理学历来主要关注疆域内部的行政沿革,而非像西方的历史地理学那样被迫关注国家间的文明政治冲突。

晚清时期大量引介西方地理学以来,我国的历史地理学虽然有了很大发展,仍然没有脱离所谓"沿革地理学"的习惯。②

---

① 沃格林,同上,页214—215。关于《威斯特伐利亚和约》以来的"和约",参见 Fled L. Israel 编,*Major Peace Treaties of Modern History 1648—1967*,四卷,Chelsea House Publishers,1967。

② 参见彭明辉,《历史地理学与现代中国史学》,台北:东大图书公司,1995。

我们的孩子在名牌幼儿园长大,不可能养成在镇上长大的孩子那样的**生存感觉**:镇上到处是陌生人,且随时可能出现**各色品性**的团伙或盲流。英格兰经历过数百年与法兰西冲突的历史,麦金德在这样的国土上长大,其历史地理学的视野和关注不可能仅仅在于英格兰王国的历史沿革。在他眼里,古代中国虽治理良好,却长期处于"呆滞状态",不值一提——我们没有理由为此生气。① 毕竟,商务印书馆在 1904 才引进东洋人小川银次郎编制的《东洋历史地图》和《西洋历史地图》,作为最新中等教科书(张元济校订)——《西洋历史地图》共 20 幅 38 图,从古代迄至近世,"凡欧洲历史变迁沿革有大关系者,皆有图以明之"。②

我们对世界历史地理的了解不仅太迟,不可思议的是,我们的人文学界迄今还缺乏对世界历史地理的**政治含义**的理解。

依据欧洲传统的"古代世界历史"经验,兰克在拿破仑战争之后发表的《诸大国》(1833)一文中提出,世界的历史"运动"总是呈现为:大国可能沦为小国,小国可能崛起为大国。十七世纪末,"一个伟大的民族国家"——俄国——开始卷入欧洲的历史"运动",或者说进入了兰克意义上的"世

---

① 麦金德,《民主的理想与现实》,武原译,北京:商务印书馆,1965,页 20。
② 邹振环,《晚清西方地理学在中国》,上海:上海古籍出版社,2000,页 405。

界历史"。俄国要崛起为"大国",不可避免会与既存"大国"展开较量。北欧的瑞典在三十年战争之后成为大国,俄罗斯崛起首先面临瑞典的遏制。

俄罗斯并非兰克眼中的"欧洲民族",但他相当赞赏彼得大帝(1672—1725,清康熙十一年—清雍正三年)带领俄罗斯"以孜孜不倦如饥似渴的学习天性的全部激情"吸纳西方文明的"种种进步"要素,然后与"欧洲民族"殊死较量。彼得大帝明白自己国家的文明目的是建立"希腊—斯拉夫原则",瑞典国王查理十二却不清楚"自己国家的真正利益在哪里",结果使得瑞典王国在与俄国的拼搏中遭受重挫,从大国地位上"被拉了下来",沦为无足轻重的国家(《秘密》,页176)。

具有文明抱负的国家之间的争雄,首先拼比的是代表文明民族品格的卓越人物身上的政治德性。在《诸大国》一文中,兰克给出的另一个史例是普鲁士王国的国父弗里德里希二世(1712—1786)。在兰克看来,这位德意志的政治和军事"天才"的思想扎根于"自己的土地和自己的祖国"。他的历史事功让在列强夹缝中生存的小小王国仅仅凭靠自己的力量成为"大国",给德意志人带来"自信",使得近千年来各自为政散漫惯了的德意志人终于有了形成统一的文明政治单位的基础。

弗里德里希二世也是诗人,且酷爱启蒙哲学,在我们看来,他的诗人才华显然没法与毛泽东相提并论。但是,弗里德里希二世的诗作同样产生于与国家的敌人殊死较量的危难处境,从中我们可以看到"一个男子气概的灵魂激荡"。如兰克所说,越是生死存亡关头,这种伟大的灵魂越显出自己的道德力量。

在"七年战争"中,弗里德里希二世"伟大的个人品格"体现得最为充分:即便知道这场战争仅有极小的把握打赢,他的道德上"坚忍不拔"的品格让他义无反顾地面对**不可避免的战争**。自己生长的"土地"被敌人围困、国家的"荣誉"被剥夺、祖国孤立无援,除了**拼死一搏**的战争还能靠什么让自己的国家摆脱险境呢(《秘密》,页181—183)。或者说,除了靠这种争取国家的独立自主的战争,还能靠什么来抵御康德为实现自由民主的"普世价值"而鼓吹的"战争"呢?

凭靠这场险胜的"七年战争",弗里德里希二世让德意志人以文明国家身份登上了历史的"世界舞台"。正如凭靠极为艰难的朝鲜半岛战争,毛泽东带领中国登上了历史的"世界舞台",进入了欧洲人认可的"世界历史"。世界历史地图集从此增添了具有世界历史意义的一页,尽管在我们自己编制的历史地图集里,这一页迄今尚未得到足以与其历史意义相匹配的版面尺度。[①]

新生的共和国是否应该介入朝鲜半岛的战争与联合国

---

① 在吴于廑主编的《大学世界历史地图》(前揭,页63)和张芝联、刘学荣主编的《世界历史地图集》(北京:中国地图出版社,2002,页164)中,朝鲜战争都仅占半页,尚未获得单独篇幅。比较中国人民革命军事博物馆编,《中国战争史地图集》,北京:星球地图出版社,2007,页367—376。

军交战,在当时的共和国高层曾引发激烈争议。这让我们应该想起新生的民国政府关于是否涉足远在欧洲的第一次世界大战的争议,尽管当时的参战提案其实是"以工代兵",并非名副其实的"参战"。如果说"第一次世界大战影响了中国人关于世界秩序和西方的观念",那么,朝鲜半岛战争才真正改变了中国人关于世界秩序和西方的观念。①

六

康德以为,实现了自由民主"文化"就会实现世界的"永久和平",但要实现这种"文化"还得倚靠战争。因为,战争才会迫使"国家元首们""看到共同体的各阶层为了相互促进自己的富裕而紧密结合起来"。②

与此相反,同样信奉自由主义的历史地理政治学家麦金德却相信,"民主的理想"必然开放地球上处于不同地理位置的所有国家产生追求富裕的欲望。由于世界上的自然地理资源并未平等分配,"平等"的权利诉求必然导致新的世界性国际冲突。西方民主国家必须在全球枢纽地带保持强大军事压力,随时准备发动战争,才能保障自身利益。

换言之,康德和麦金德以不同的理由相信,自由民主的

---

① 徐国琦,《中国与大战:寻求新的国家认同与国际化》,马建标译,上海:上海三联书店,2008,页8—9。
② 康德,《人类历史揣测的开端》,前揭,页124。

"普世价值"需要战争。麦金德非常忧虑:由于长期灌输"民主的理想",西方民主国家的公民在考虑问题时仅仅从个人的"自由""平等"观念出发,不知道还有"从国家战略上思考"这回事。其结果是,在西方民主国家,"自由的各种理想已经成了普通公民的**固执偏见**",国民仅关心"个人的种种权利",不懂得"维持我们的自由的安全"必须凭靠国家权力及其以"民主理想"的名义**发动战争**的组织能力。①

麦金德的担忧同样基于"欧洲民族"所具有的"古代世界"的历史经验。虽然与德国人兰克和瑞士人布克哈特是完全不同的学者,麦金德与他们一样相信:唯有地中海地区和欧洲种族的历史才算得上**世界历史**,"因为,使希腊和罗马的继承者统治整个世界的那些观念来自这些种族之间"。②

布克哈特在大学开设"史学研究导论"课,出于与后来的麦金德同样的忧虑。他已经看到,西方的**国家观念和文化观念**"出现了重大危机":自由民主理论家们不断要求国家随时**按民众的情绪**来调整自己,公民对国家权力的认可程度已经降到极点。与此同时,这些人又要求国家必须完成他们定期交付给它的保障公民富裕和安全的义务。竞相角逐的党派各自要求国家为自己的政治利益服务,在国家应该做什

---

① 参见麦金德,《民主的理想与现实》,前揭,页24—25,31—33,151—154。

② 麦金德,《历史的地理枢纽》,林尔蔚、陈江译,北京:商务印书馆,2007/2010,页51。

么的问题上争论不休,国家本身变得无所适从(《沉思》,页126—127)。

在布克哈特看来,康德所憧憬的自由民主"文化"前景实质上是欧洲文明的*彻底沦落*。因为,这种"文化"要求国家乃至文化本身充当**市民趣味**的外衣,而基督教欧洲的市民已经被启蒙哲学改造成唯利是图的人民,由这样的人民主导的文化必然是"*日常无聊*"的文化。自由民主理论家们宣称能够通过普及大学教育把所有市民造就成"不同寻常地重要的个体",实际上"只能以拔苗助长的方式培养**平庸之辈**"。

就文化的品质而言,自由民主"文化"的所谓"进步"其实是"退步",因为,现代生活"只不过是一种生意,现代之前的生活却是一种实实在在的生存"。布克哈特一再提到,美国就是这种"没有历史文化根基"的"生意"国家的代表。欧洲的民主思想家从所谓*自然状态*这一哲学假设出发探究国家的起源和性质,无异于废除欧洲文明的历史传统,向壁"虚构"出一种普遍的国家形式。美国就是按照这种"虚构"出来的国家原则建立起来的国家:"野蛮人和现代美国的文明人毫无历史意识"。[①]

倘若如此,令人费解的是,当今的中国把模仿美国作为自己的未来文明目的,怎么就成了伟大的"文明复兴"?

布克哈特在"史学研究导论"课上说:"强者把自己的意

---

① 布克哈特,《沉思》,页57—62;《历史讲稿》,页3。

愿强加在弱者身上的权力,构成了世界历史上不可或缺的组成部分。"问题在于,弱者并不意味着文化的高贵品质很低,强者就意味着文明的高贵。恰恰相反,一个比较低级的"野蛮"文化占上风,并凭靠自己的强势使用种种权力的情形,在历史上并不少见。蒙古人的入侵和扩张就是如此,"亚洲似乎一直未能从两次蒙古人的统治下所遭受的创伤中恢复过来"。罗马人"以最令人恐怖的手段开始征服东方和西方,并且以血流成河的代价完成了扩张活动",这是另一种强者支配弱者的行为,其目的是创造一个"共同的世界文化",并通过这个文化让一个新的世界性宗教传播开来。(《沉思》,页250)

> 后来,这两个元素传给了卷入民族迁徙中的野蛮的日耳曼人,并且最终成为新的欧洲的黏合剂。(《沉思》,页251)

现代西方人的过错仅仅在于,用强权让低俗的民主文化在全世界传播开来,这是对世界的文明历史犯下的可怕罪恶。

出于一往情深的文明意识的深切忧虑,布克哈特在开设"史学研究导论"课的同时,也开设了"古希腊文化史"课程。他充满绝望地期许,只要我们当前的西方文化一息尚存,我们就将通过吸收形形色色的过去事物来内在地丰富自己,并把早先世界各个时期精神的状况和变化看作对我们自身精神意识的巨大促进。(《历史讲稿》,页72—73)

对于我们来说,布克哈特对古代世界历史所作的如下观察则应该被"看作对我们自身精神意识的巨大促进":

有些民族静止不前,他们几百年保持同一个整体的形象。在外人看来,他们好像对自己的命运在一定程度上感到满足。(《沉思》,页248)

在布克哈特眼里,古代中国就是这样的民族……古代欧洲民族的品质是怎样的呢?

他们需要时不时地把自己的力量,甚至自己的全部力量,通过剧烈的运动释放出去。这些剧烈运动的作用是毁坏旧东西,为新东西开辟道路。在这些剧烈的运动中,除了偶尔感受到短暂的胜利喜悦之外,他们甚至享受不到任何幸福,更不用说长久幸福,因为那些胜利本身就是暂时的。他们层出不穷的力量源泉在于永不满足,他们新迈出的步子还没有站稳,就已经迫不及待地想迈出下一步。(同上,页249)

布克哈特告诉西方的大学生们：**诗人荷马已经展示了西方民族的这种本能。《奥德赛》的结尾让人看到，主人公所经历的艰难险阻一个接着一个，他面临着的考验似乎没有尽头……**（同上，页248）

我们早就知道：马克思的哲学就是"斗争的哲学"。布克哈特的世界史课程则让我们知道，西方人从自己所理解的古代世界的历史中看到，"西方的生活就是**斗争**"（《历史讲稿》，页187）。美国虽然是"生意"国家，他们的政治精英并没有忘记，也绝不会忘记修昔底德传授的政治经验和布克哈特的谆谆教诲。

既然如此，我们就不应该自欺欺人地相信：有自己的古代历史经验的西方人会相信中国人**自古以来**主张的"和为贵"。既然如此，我们就应该放下自己的**历史自豪感**，认真阅读西方古典学家们把古代中国排除在外的《古代世界历史地图集》。否则，轮到**美籍华人**写纳兰容若那样的出塞词的时代，一定不会太远。

2016年5月

开放时代的政治德性

负薪救火　立此存照
——致八十年代的熟人邓晓芒教授的信

[题解]《如何认识百年共和的历史含义》原为在一次读书会上的演讲,未经本人授权由网站披露后随即引发一场大火。演讲稿经本人整理刊出后,邓晓芒教授在网上发布长文予以"批判",试图救火。这封公开信是对"批判"文的回复,原刊"六点图书"微博,略有增补。

晓芒兄:

十多年没见,没想到竟然有如此机缘"重逢"。谢谢你下工夫研读我的文章,并写下广受媒体赞誉的长篇驳论。论战是你的天性所爱,你一定在期待我作出回应,然后再予"新批判主义"式的批驳。因此,我有必要尽快写封信通知你:我不会回应你的长篇驳论。你的学理水平和言辞品质如何,明眼人都清楚。即便我再缺乏自知之明,也不至于与你讨论学理。

不回应难免引起种种误解,诸如**不敢回应**、**理屈词穷**或**傲慢地不予理睬**……等等等等。为了避免种种误解,我有必要说明**为什么不回应**。这封信本来仅仅是**知会**,但为了尽力向你清楚说明不回应的**理由**,恐怕难免会稍微有点儿长。

不回应的理由得从三年前刘苏里与你的笔谈《哲学家今天的角色》(刊于 Soho 小报 2010 年第 9 期)说起。此前,虽然我们早在含混的八十年代因从事德国现代哲学的翻译而相识,算是老熟人,但实际上,我对你的学问及其思想品格一直都缺乏了解。苏里在笔谈中说,"你们应该非常熟悉"。其实,我并不熟悉你的学问,尤其不熟悉你的思想品格。

我十分惭愧,竟然没读过你出版的二十五本专著中的任何一本,没读过你发表的两百多篇论文中的任何一篇。幸好,三年前的《哲学家今天的角色》有如竖起了一面明镜,映照出你的思想品格、精神抱负乃至言辞品质——**言为心画**。这篇笔谈录是你的精神风貌的**自我写照**,甚至是理解你所有专著和论文的钥匙。

当年有人把这篇笔谈录寄给我,是因为其中有一段你对我的流传颇广的品评,我就从这个品评说起。刘苏里精心地把笔谈录编织成四个部分,分别题为:1. 背景,2. 哲学,3. 战士,4. 目标。对我的品评不长,出现在"战士"一节末尾。这显然是苏里的刻意安排,让你作为一名"战士"对我做出品评。

当时苏里说,在眼下这个急剧转型的时代,"多数精英或许是糊涂的。"于是,他产生了这样一种"冲动":号召学界人士"都来读读邓晓芒吧"。在苏里眼里,你是不糊涂的精英(没有"之一")。

随之,苏里就把我拉出来当多数糊涂精英的典型(如果我在场,我会拒绝"精英"这个帽子,尽管我不会拒绝苏里说我"糊涂")。你愉快地接受了苏里分派给你的角色,然后品评说,

> 刘小枫最近一些年的表现令人失望。不过就我来说,本来就没有对他抱太大的希望……他思想的糊涂不是一般的糊涂,早在他的《拯救与逍遥》中,就有大量的糊涂观念,只是因为他文笔太好,所以掩盖了他的毛病。最近竟然走到纳粹主义去了。但这也是必然的。

从这段品评我才知道,你一直关注我。让我糊涂的是,既然你早在八十年代就知道我"有大量的糊涂观念",为什么还关注我?我总不能由此推论:关注甚至钻研"糊涂观念"是你的偏好。

有了这段三年前的简短品评,你如今的长文就更让我糊涂:既然你知道我"不是一般的糊涂",为什么花费时间和精力写如此长文来批驳我呢?我即便再糊涂,也不至于糊涂到会去批驳"不是一般的糊涂"。对于糊涂脑筋,你无论说什

么再明白不过的**常识道理**(遑论学理)都算白说,明智的选择是:**别理会糊涂脑筋**——这是常识。不过,这个"糊涂"属于你,与我的糊涂无关。

三年前读那段品评时我就在想:你作为一名"战士"为什么认为我"不是一般的糊涂"?我想搞清楚自己,按你的**学理**,我究竟在哪方面糊涂,以及怎样一个"不是一般的糊涂"。

在笔谈录中,唯一能找到的解惑线索是你的这样一句话:"我很早就说过,他[刘小枫]不是一个真正的基督徒,而是一个**儒家士大夫**。"如果我没有理解错,你的逻辑大体是这样:儒家士大夫等于"不是一般的糊涂"(大前提),刘小枫是儒家士大夫(小前提),所以,刘小枫"不是一般的糊涂"(结论)。

我不得不寻找你对大前提的论证。果然,就在这段品评的前面不远,你这样臧否当时的国学热:

> 国学热的乱象不过表明今天中国人虽然经过了一百年的教化,仍然在观念的现代化这门功课上不及格。

如果我没有理解错,你说的"一百年的教化"指的是**现代启蒙教化**。倘若如此,你的逻辑就是:没有经过现代启蒙教化就等于"不是一般的糊涂"。于是,我理解了你为什么对我"最近一些年的表现"失望,以及你为什么本来就没有对我"抱太大的希望"——因为,我在八十年代就对现代启蒙教化抱有出自本能的疑虑;因为,我最近一些年来起劲儿地反现代启蒙教化。

这让我想到,你很可能已经被启蒙教化彻底征服,成了现代启蒙的炽热教士。新马克思主义者写的《启蒙辩证法》和《理性的毁灭》已经反思过德意志启蒙思想与法西斯主义的复杂关联,你研究德国哲学二十多年,从未反思这一辩证关系。可见,你一直是启蒙教化的炽热教士——用苏里的说法,你是启蒙教化的战士,因为你"对以儒家为代表的传统中国文化持批判态度,无不显示其战士本色,自觉而充满理性"(确切用法应该是充满"启蒙教化的理性")。

既然如此,我现在要对你说:由于你是启蒙教化的教士和战士,我不会回应你,遑论与你论战——这是我不回应你的第二个理由。我需要做的仅仅是,揭露启蒙教化本身的谬误和启蒙理性的迷信品质——但这件事情我已经做过了(参见拙文《学人的德性》)。

换句话说,即便我要批判现代西方启蒙哲学,我首先会直接找康德讲理,而非找你讲理。我并不自信,我知道凭靠我自己的心智力量远远不足以找康德讲理,但我可以凭靠柏拉图或者色诺芬或者莱布尼茨或者莱辛的思想智慧找康德讲理,而且可以让这件事情变得轻松有趣。

我在康德的同时代人中就已经找到同道:哲人雅可比以写小说的方式来反启蒙,大文豪维兰德也用写小说的方式修理康德(参见利茨玛,《自我之书》,莫光华译,华东师范大学出版社 2010)——这意味着,与炽热的启蒙理性讲理是**徒劳**。

我在你批驳的文章的题记中引用过卢梭一句话,"在今天,一个自由之士的所为,不过是在成为同盟时代的狂热分子而已。要想超逾自己的时代而活,就得决不为这号读者写作"——我的引用方式已经把卢梭的话抄为自己的话,只是不便换成我们熟悉的语言而已:"同盟时代的狂热分子"应该换成"文革式的炽热分子"。我已经清楚表明,如果当今哪个"自由之士"有如"文革式的炽热分子",我有理由不理——这是我不回应你的**第三个理由**。

我早就听说你是个马克思主义者,却一直不知道你是一个自由主义者……读了《哲学家今天的角色》我才知道,你不仅创造了"自由的哲学",而且做了自由主义**教士**。所以,苏里慧眼识珠,号召学界人士"都来读读邓晓芒"。

起初读《哲学家今天的角色》时,我感到纳闷,自由主义战士刘苏里怎么会与你这位马克思主义哲学家产生了**战友般的**"共鸣"(参见笔谈录中谈"共鸣"与"共识"的区分一段)。读过笔谈后我才明白怎么回事。

原来,苏里"峻急"地感到,自由主义阵营已经在"思想'战线'"丧失阵地——他"峻急"地看到,自由派只有**公知**,没有哲学家,形势异常严峻……这时,他发现了你——晓芒兄。在他眼里,你是哲学家,"受到[过]严格的哲学训练,对从德国古典哲学入手的西方哲学,有着细致而精到的理解",有《康德〈纯粹理性批判〉句读》这样的扎实专著,是"远近闻名的"教授。

让苏里感到兴奋的是,你更是一个自由主义公知……他在笔谈中告诉学人们,你在两个舞台"使枪弄棒"——"讲坛和书桌"。你的"演讲锋芒毕露,一泻千里";你的书桌"层出不穷地生产(引按:用词可谓精准!)各类文章,言辞犀利,逻辑严密,论理扎实,包括新权威主义、民粹主义、新左翼,以及《河殇》、新保守主义、第三条道路",都成了你的"新批判主义"的"批判对象"……你"保持了一位公共知识人应有的姿态和立场"。

于是,刘苏里邀请你到他的舞台上展现你哲学家式的自由主义公知风范,以便更多的学人认识你,以你为榜样:如果在中国学界或中国的大学里到处都是你这样的自由主义公知教授该多好啊!"有请邓晓芒教授"……

整个笔谈由刘苏里引导,他非常聪明,在开头和结尾部分与你谈哲学,把谈自由主义公知应有的姿态和立场那一部分放在中间。如此安排为的是给我们留下这样的印象:你的公知姿态和立场具有强大的哲学和学术力量的支撑。

苏里赞扬你"散发着西方古典知识人德性的光芒",这是你的"新批判主义强有力量的秘密"——苏里用"西方古典知识人"这个术语,显得有明确的针对性。近十年来,我老把"古典学问"挂在嘴边,苏里不仅听烦了,而且明显感到

"古典学问"让他的自由民主"神圣同盟"受到严重威胁,形势太过"峻急"。于是,他设计出这样一个局:首先把刘小枫请到他的 Soho 舞台上去讲了一回马基雅维利(这叫**引蛇出洞**),然后再把你这位"散发着西方古典知识人德性的光芒"的哲学家公知请出来给刘小枫**上课**……瞧,苏里这样开始与你对谈:

> 刘苏里:很高兴能在网上与您见面,谈话!
>
> 邓晓芒:是啊,现在信息如此发达,以前都不敢想象!
>
> 刘苏里:可您还与学生在课堂里一页页"啃"经典,像是与这个时代"格格不入"。
>
> 邓晓芒:那是,世界上总还是有些永恒的东西,不因事物变化快就失去了价值。其实我所啃的经典正是这个时代的注脚,不过一般人认识不到这一点。
>
> 刘苏里:您可以说详细些。

刘苏里的提问耐人寻味,他要告诉人们,你"在课堂里一页页'啃'经典",却不像刘小枫啃经典那样"与这个时代'格格不入'"。与你比起来,刘小枫啃经典可谓姿态和立场都不正确,没准还"怀揣坏心思吧"。

所以,在笔谈的恰当时候,刘苏里就把我拉出来当了你的"新批判主义"的"批判对象"。你随便对我"使枪弄棒"两下,我还没看清你的招术,就被你用"儒家士大夫"一棒子撂倒在地,然后用"最近竟然走到纳粹主义去了"在我身上再踏上一只脚……

谢谢苏里啊,通过他导演的这场用心良苦的笔谈,我才认识了你——晓芒兄。原来我以为熟悉你,读过《哲学家今天的角色》我才发现,你多么让我感到陌生!苏里说,"你是在两线'**作战**',一面**生产弹药**(用词精准!),一面亲自'战斗',非常'骇人'!"

苏里说,他向一位朋友推荐过你的《康德〈纯粹理性批判〉句读》,那位朋友告诉苏里,他"很看重这样的工作",因为"这是能打死人的东西……现时代,许多人想做出打死人的工作,但不肯吃苦,试图走捷径,所以能打死人的东西少之又少。"——苏里紧接着你对我的"使枪弄棒"引用这位朋友的话,大概是在向我传递两个信息:第一,他自己更看重这样有学术分量的工作;第二,我已经被《康德〈纯粹理性批判〉句读》这部学术分量重得不能再重的专著打死啦(瞧苏里那副高兴劲儿)……顺着刘苏里的话你就说:

邓晓芒:此书一刷三千套已几乎脱销,正在重印。这个波及面,应当很可以了,你想180元,打折也有一百多元一套,要买下来,连我都要咬咬牙啊!

刘苏里:真的啊,这让我这老书人吃惊!三千套,脱销!

刘苏里吃惊的是什么呢？也许吃惊的是，《康德〈纯粹理性批判〉句读》的厚重学术分量"打死"的不止是我一个，还有近乎三千人。我没读这本书就已经被它的学术分量"打死"，其余近三千人得通过阅读慢慢地一天一天被往死里打，反倒不如我死得痛快。

瞧，刘苏里对你的战果又惊又喜：惊的是你"亲自'战斗'"，果然"非常'骇人'"（所以他夸你是"好战士"）；喜的是此书"正在重印"，战果将会进一步扩大。可以预期，与刘小枫类似的人统统被这厚重的学术分量"打死"后，《康德〈纯粹理性批判〉句读》肯定已经脱销，肯定会赶紧重印，书店老板刘苏里怎么会不喜哩……

难怪三年前我在万圣书园碰到苏里（当时他刚做完与你的笔谈，还没有刊布），他挂着一脸欣喜对我说："有位哲学家说你是法西斯哦"……我问是哪个哲学家，他笑眯眯地不肯透露。与这相比，后来他骂我一句"认贼作父"算客气啦。我能理解：近三年来，我不仅仍在啃经典，竟然还照旧扰乱他的自由民主"战线"。

多么让我陌生啊，晓芒兄！刘苏里让你冒充"西方古典知识人德性的光芒"，你竟然没理性地思考一下就做了。一个今天的知识人即便从事古典研究，绝不等于他身上就有（遑论"散发"）"古典知识人德性的光芒"——这"德性的光芒"仅仅来自古人（古典知识人）本身，而非今天研究古典知识人的知识人自身。如果今天有谁研究柏拉图，能说他身上散发着柏拉图德性的光芒?

可是,与笔谈中别的让我感到陌生的**姿态**和**立场**相比,这根本不算回事儿。不过,无论多么陌生,都与我要在这里说的事情无干——现在我要说的是**不回应你的理由**。

苏里制作《哲学家今天的角色》的意图是,通过表彰你既是哲学家又是公知,证明你是"真正的"哲学家。所谓"真正的"含义是:只有**符合现代启蒙教化**的哲学才是"真正的"哲学,"真正的"哲学家必须是一个现代**启蒙教士**。苏里希望我**改邪归正**,像你那样成为自由主义公知,并且对儒家传统和急剧变革的现实"使枪弄棒"……

读过《哲学家今天的角色》后,我的确思考过这个问题:在当今急剧变革的时代,一个哲学爱好者应该是个自由主义公知吗?我的结论是:**断乎不可**! 如果一个人既是哲学家又是自由主义公知,就只有如下两种可能:要么是**假公知**,要么是**假**的热爱哲学。

当然,生活世界中的情形远比形式逻辑复杂,兴许确实有能把真的热爱哲学与做自由主义公知结合为一的人。即便如此,这个人热爱的肯定不会是柏拉图-亚里士多德的哲学或者咱们儒家-道家传统的哲学:不会热爱无论西方还是中国的**古典哲学**。

《哲学家今天的角色》让我看到,你既是哲学家又是公知的身份并不真实。你只有自由主义公知的身份,你的"**自由的哲学**"就是你的公知姿态和立场本身。正如你在笔谈中说:你是"自己把自己造就成"哲学家的,你的学理是你自己的"自由的哲学"亦即自由主义教条创造出来的。

基于这一认识,我有了不回应你的**第四个理由**:我不会与"自己把自己造就"出来的自由主义公知坐而论道,因为我根本没法理解这种公知的自由主义"学理"。我认真学习过苏里与你一起给我上的这堂课,当时还做了**学习摘记**,记下对**公知楷模**的认识和一些学习中的困惑。我把三年前的摘记要点整理出来,附在后面,作为上述理由的论据。

好了,不再耽误老兄时间,请接受我不回应的理由。你看到,这些理由中没有意气:sine ira et studio。为了气氛轻松,我偶尔调侃了苏里(他懂幽默,所以还算是"好朋友"),但不会调侃熟人,以免误会。

不过,只怕苏里在旁边还是会说我一如既往地"狡猾",善于找借口,其实就是**不敢回应**。既然如此,我不妨对苏里承认:是的,我不敢与你的"哲学家"论战。因为,一旦与你的"哲学家"论战,我的言辞和学理的"可笑"和"荒谬"就会在所有明眼人面前显露无遗,但我自己却不知道自己"迷信"得荒谬且可笑,甚至于还会因自以为是的论战姿态博得围观者喝彩而自喜不已。那样的话,我在你这个明眼人眼里就"不是一般的糊涂"……毕竟,当你被海量的自由民主信徒围住时,你总不至于竟然不知道,对于有 noun[脑筋]的人来说,有头脑的少数人比没头脑的多数人更让人畏惧吧。

愿你继续保持苏里表彰的"一位公共知识人应有的姿态和立场",祝老兄笔健。

刘小枫

2013 年 11 月 18 日

附录

Contra istos fanaticos
——《哲学家今天的角色》学习摘记

[说明] 这是差不多三年前学习刘苏里向我推荐的学人榜样所记的摘记。为便于阅读而经过整理,但仍然保留了学习笔记的文体:摘录原文,简扼写下自己的困惑和思考。

如果这篇笔谈的标题是"公知今天的角色",我不会读下去,因为,公知姿态和立场与我无干。苏里推荐的是"真正的哲学家"和"最好的哲学教师",所以我才读。

笔记是供自己学习所用,所有困惑和思考都是对我自己说、为我自己写的,与两位笔谈者无关,切莫理解为是在与两位笔谈者"论战"。相反,无论困惑还是思考都很不成熟,欢迎批评,使我受教。是为盼焉。

在笔谈之前,刘苏里对晓芒有长段介绍,要点是:"邓晓芒的社会身份,至少有三重:教师、战士和哲学家"。苏里特别强调,晓芒对康德和黑格尔的研究"尤为国内外同行所称道"(!?),并援引"百度百科"的名人介绍:他"立足于西方自古以来的'逻各斯精神'和'努斯精神'对黑格尔辩证法的解读,使国内的黑格尔研究焕发了生机,并对整个西方哲学和文化精神(!?)提供了一种系统的研究方法(!?);创立'新实践论美学'和'新批判主义',积极展开学术批评和文化批判,介入当代中国思想进程和精神建构"。

苏里自己写的介绍则强调,晓芒是新型的学者和哲学家。所谓新型主要指基于对传统学人身份的自我批判,即批判"古典时期士大夫为学的基本原则"。真让人好奇:晓芒如何做到既要批判"古典时期士大夫为学的基本原则",又能"散发着西方古典知识人德性的光芒"?

> 刘苏里:您可以说详细些。
>
> 邓晓芒:我在课堂上总是对学生讲,我们读的这些东西与当今时代有密切的关系,古典的东西比那些现代后现代的要"现实"得多。比如普世价值,人的自由和人权,这都是在古典哲学中奠定的基础。

困惑:前一句话讲得真好,"古典的东西比那些现代后现代的要'现实'得多";但第二句就大有问题:"古典的东西"的现实意义难道是因为其中蕴含了当今的自由主义教条?按哲学史常识,这里恐怕应该给"古典哲学"加上"德意志"的限定词。我很难理解:古希腊的古典哲学为当今的自由主义教条奠定了基础。

晓芒受过康德哲学训练,用词应该很准确才对。他信口说到"古典的东西"未加"德国"的限定词有三种可能:第一,一时疏忽忘了加(这不应该,面对传媒得小心,否则容易**误导受众**);第二,**故意不加**,暗中用德国古典哲学取代或**冒充整**个古希腊以来的西方古典哲学传统(这种可能性不大,否则就胆子太大啦);第三,古希腊哲学的确为"比如普世价值,人的自由和人权"奠定了基础,但我理解力不够,没领会到——我宁愿选择第三种可能。

刘苏里:在《德国古典哲学讲演录》里,你就是这么说的。

邓晓芒:对。这是我一贯的想法,我就是要为当今打工者提供思想依据。

苏里提到晓芒上述说法的出处,看来我猜错了,应该是第一种可能。如果"普世价值,人的自由和人权"是"德国古典哲学"奠定的基础,那么,这些教条就是某些近代哲学家的构造。因为,德国古典哲学特指十八世纪至十九世纪康德的启蒙哲学以及继起的观念论哲学。就接受启蒙哲学的思想预设而言,从康德到黑格尔的德国古典哲学嬗变,都笼罩在西方现代启蒙方案之下。

困惑:晓芒"一贯的想法"是"要为当今打工者提供思想依据"——感人!既然如此,晓芒读"古典的东西"就未必是出于对"古典的东西"(尤其真正意义上的西方"古典的东西")**本身**的热爱。

十多年前,有人以晓芒的一篇学术自述为证告诉我,晓芒是热忱且坚定的马克思主义者——这事给我留下很深印象:马克思哲学是西方现代的东西,而非西方"古典的东西"(即便康德-黑格尔哲学也不是)。现在晓芒让我看到,他是个热忱且坚定的自由主义者——费解!毕竟,既是马克思主义者又是自由主义者,太令人费解……至少,马克思不是狭义的自由主义者,与《法哲学批判导言》几乎同时写作的《论犹太人问题》一文早就对自由主义有过深刻批判。

不过,在国朝学界,像晓芒这样身兼两者的学人似乎并不少见。为什么?究竟怎么回事?这兴许是有待当代中国思想史研究清查的一桩怪案。

刘苏里:我能不能这样理解,你是想做人民的哲学家?因为人民都是打工者。

邓晓芒:也不是。我只想做一个自己的哲学家,或者只是一个哲学爱好者和哲学研究者。但我为人民打工是我的社会角色,客观效果,恰好和我的主观爱好相吻合,也是很难得的。但我不是刻意这样做,就像我教书,不过是尽义务,遵守职业道德,但并不是我的主观志向。

刘苏里:看得出来,你对自己的角色比较满意。至今的工作也很满意。还有什么遗憾么?

邓晓芒:没有什么遗憾,就是嫌时间太短,不知不觉就年过花甲了,每天都想着这件事,怕再耽误时间。

困惑:晓芒的"主观爱好"是"只想做一个自己的哲学家",何以"客观效果"成了"为人民打工"? 如果不是"只想做一个自己"的这"一个自己"与"为人民打工"的事业有一种天性上的吻合,何以做"哲学家"的"主观爱好"的"客观效果"成了"为人民打工"?

古往今来无数人"自己"想做哲学家,未见他们的这一"主观志向"与"为人民打工"如此吻合。既然性质上如此不同的两回事情在晓芒身上吻合,而且他甚至感到"很难得",就说明他的如此天性"很难得"。即便如此,就"哲学家"[热爱智慧者]这个称呼的本来含义而言,这种"很难得"毕竟费解:这是一种什么样的热爱智慧的天性? 无论是什么样的天性,这种"很难得"的吻合都改变了"哲学家"这个称呼的实质含义!

思考:晓芒对"你是想做人民的哲学家"的回答("也不是")仅仅否定的是"想做",没有否定自己实际上做了"人民的哲学家"。毋宁说,晓芒根本无需"想要做"或"刻意这样做",就"做"成了"人民的哲学家"。晓芒"对自己的角色比较满意","角色"指"社会角色"——即"为人民打工"。

"人民的哲学家"这个称呼听起来既熟悉又已经很陌生,似乎上个世纪六十年代的大众哲学家艾思奇享有这个称号。虽然这个称号在毛泽东时代很响亮,其实在启蒙思想史

上早已有之——狄德罗呼吁:

> 让我们赶紧把哲学通俗化吧(de rendre la philosophie populaire)!如果我们想要哲学家们向前迈进,就让他们从自己已经抵达的地方接近人民(approchons le peuple)。

康德的学生赫尔德甚至说:Siehe! Das muß die Philosophie tun, um eine Philosophie des gemeinen Volks zu sein。不用说,要做一个"人民的哲学家"非常非常不容易,的确"很难得"!

记得在北大念美学研究生时,有位社科院哲学所的前辈鼓励我说:好好学习吧,今后做一个"人民的美学家"。当时我听了既感动(人家一片好心,而且是前辈),又有点儿怅然……

刘苏里:在我看来,你除了做哲学家外,还像一个永不停息的战斗者,比如,你的很多文字,是论战中来的。当然,你还是——在我看来,最好的哲学教师。

邓晓芒:生命就是战斗,今天这样想的人几乎已经没有了,我的论战也是我的哲学思考的一部分,决不是为了斗意气,所以我乐此不疲。

思考：刘苏里把"做哲学家"与做"一个永不停息的战斗者"分开——"战士"特指批判别人的"战斗者"。晓芒否定了这种区分,他"做哲学家"就是做"一个永不停息的战斗者"。因为,"做哲学家"就是生命,"生命就是战斗"——战士身份统摄"哲学家"和"哲学教师"的身份。这意味着,对晓芒来说,做"哲学家"和"哲学教师"的首要任务就是"永不停息"地批判……

困惑：这是一种什么样的热爱智慧的天性呢?"永不停息"地批判别人的人有时间反思自己?这种天性没法学会首先批判一下自己吗?写了三大"批判"书的康德也没有"永不停息"地批判别人……

"今天这样想的人几乎已经没有了"——这话尤其令人费解,因为,难道这样"想"的哲学家在过去很多?历史上有哪位真正的哲人宣称过自己的"生命就是战斗"(即便"战斗"在这里指"论战"[批判别人])?即便西方近代第一位获得 Free-thinker 称号的托兰德一生都在揭露"偏见",搞激进启蒙,也没说自己的生命就是战斗;即便以荷马笔下的武士自居的尼采也没有"永不停息"地批判别人。

……想起来了：鲁迅以战斗精神著称!"今天这样想的人几乎已经没有了"恐怕指鲁迅这样的人"几乎已经没有了"。与这里说到的"论战"话题相符,鲁迅曾以论战为生。毛泽东号召搞文化大批判时,就要我们学习这种鲁迅精神。文革时期的大批判锐利武器,除了马列和主席语录,恐怕只有鲁迅语录。但鲁迅是怎样的哲学家呢?

刘苏里:"战斗"是你存在的方式之一? 还是别有一番意思? 这点对理解你的思想很重要。我们常说,战士是自觉的,你是自觉的,因此你是一个思想"战线"上的好战士。

邓晓芒:战斗不是针对某个人或事,而是对命运,就是必须奋起去积极面对生活,面对自己的时代,这在我的书和我课堂上对学生讲的里面体现得很强烈。这是为自己而战斗,不是充当马前卒或听什么将令之类的,也没有什么"战线",是为了自己生活充实、有意义,人生苦短。

困惑:这段表白听起来的确像鲁迅精神,这种精神的基本底色就是敢于"直面"一切,尤其直面"命运"、"时代"和"生活"。如果晓芒是鲁迅的好学生,他也就是文革式的"好战士"——苏里说他"是一个思想'战线'上的好战士",可谓准确。

问题在于,一个"自觉的"战士会是一个"自觉的"爱智者[哲学家]吗? 一个"自觉的"战士会在自己的书中和课堂上对学生讲什么哲学呢? 用"战斗"精神讲康德-黑格尔会是怎样一种讲法? ——真让人好奇且费解。

思考:这个自由主义者与鲁迅精神,尤其文革式的鲁迅精神竟然有如此内在的血脉关系,实在有意思得很!值得想:智识人中为什么会出现这样的自由主义"战士"?谁把这种人教育出来的?这问题复杂,不容易想清楚。即便如此,鲁迅的头脑也不像如今的自由主义教士那样简单,起码没有僵化的"普世"教条。

记得几年前读过的一篇研究鲁迅的文章说:鲁迅精神其实是学不来的,那是一种罕有的天性。毛泽东号召所有知识人都学鲁迅精神,结果扭曲了好些不适宜学这种精神的人的天性——似乎不无道理。

第一节"背景"以这段感人的"战斗"人生观结束。基于这种人生观,苏里邀请晓芒谈谈自己的"哲学进路"以及"最得意的思考成果"。

> 邓晓芒:首先是澄清个体人格和自由问题,然后是充分运用和发挥自己的理性思维能力,养成客观分析问题的习惯,拒斥情绪化和起哄的劣习。我所有的学问简单说来就是做这件事。所以我在西方哲学研究中提取了两个重要的核心概念,Nous 和 Logos,自由和理性,这都是中国文化中极感欠缺的,我要把它们原原本本地阐明清楚。

困惑:"所有的学问简单说来就是做这件事"——哪件事?前面的句子说的一堆事情不容易归纳为一件事情。受过康德哲学训练的晓芒怎么会这样表述自己的"哲学进路"？——费解。难道澄清了"个体人格和自由问题"，就等于有了"自己的理性思维能力"？晓芒自己澄清过哲学上的"个体人格"问题吗,澄清过思想史上的"自由问题"吗？

思考：晓芒是"人民的哲学家",他想要让每个中国人都"澄清个体人格和自由问题"吗？倘若如此,晓芒的启蒙教化的含义就是要用"自由和[启蒙]理性"来改造每个中国人的灵魂。谁不用"自由和[启蒙]理性"来改造自己的灵魂,谁的灵魂就有问题,就该受到批判：这不是一种普遍强制吗？

古代礼法的确用种种道德规定来强制人民,但启蒙理性不是反对任何类型的道德强制吗？用"自由和[启蒙]理性"取代传统的种种道德规定,其现实结果会怎样？毕竟,"自由和[启蒙]理性"都并非实质性的道德德性。何况,要成功做到这一点,恐怕也离不了普遍强制——自觉地信仰的人除外。

这两种情形都与"自由和[启蒙]理性"相矛盾：自觉信仰启蒙精神的人未必有"自己的理性思维能力",被强制具有启蒙精神的人则显然丧失了自由。倘若如此,自由主义信念与文革信念在逻辑上一脉相承。

困惑：Nous 这个希腊语词可以直接理解为"自由"？这还真是第一次听说……雅典人会为了"自由"与波斯人打仗,恐怕不会为了 Nous[心智]与波斯人打仗。不过,我现在不是在读古希腊人的文本,而是在读晓芒的话——我不能用古希腊人的自我理解来要求晓芒。前面说"比如普世价值,人的自由和人权,这都是在古典哲学中奠定的基础"——所谓"古典哲学"没准儿真的指古希腊哲学。

苏里在开头的介绍中引用的"百度百科"文字写道:晓芒"立足于西方自古以来的'逻各斯精神'和'努斯精神'对黑格尔辩证法的解读"……"西方自古以来"显然指自古希腊哲学以来。Nous 奠定了"人的自由"的基础,Logos 奠定了"普世价值"的基础——听起来还真有那么一点儿廊下派味道。

"人权"是什么概念奠定基础的呢?兴许是 Nous 和 Logos 共同奠定的。于是,当今的自由主义教条就被成功装进了从古希腊哲学传统中"提取"出来的"两个重要的核心概念"——"提取"得多么漂亮!这"提取"功夫是康德教的,还是黑格尔或马克思教的?抑或是晓芒自己发明的?好奇!……

最古老的古希腊哲人泰勒斯说过,宇宙的 Nous[心智]是神——自由主义教士把"自由"视为神,没有什么不好理解。问题是:启蒙理性要破除对*所有神*的迷信,怎么又迷信起"自由神"了?

也许可以这样来理解:启蒙理性打倒所有*外在的*神,为的是树立起自己的自由个体人格。于是,自己的自由人格就成了启蒙理性供奉的*内在*神——结果是*神化自由的个体人格*。笛卡尔:我怀疑一切,但*不能怀疑*"我怀疑"……

然而，笛卡尔不恰恰是在怀疑一切的基础上才建立起"新教条主义"的吗？晓芒当然知道，阿那克萨戈拉认为，万物的形成和有序都是心智（nous）作用的结果（参见《残篇》，59B12）——但晓芒恐怕未必知道，苏格拉底多次挖苦阿那克萨戈拉的理智论，说他的理智于己于世皆无益，尤其对世人分辨好与坏、对与错无益。毕竟，纯粹的智性思辨喜欢死究的是思辨形式本身，而非关切实践智慧（《斐多》，97b8—99a4，《克拉提洛斯》，413c5—7）。

在《斐多》中，苏格拉底点到了阿那克萨戈拉理智论的死穴，他警告那些跟着阿那克萨戈拉的理智搞探究的人小心毁了自己的眼睛，甚至整个儿搞瞎自己的灵魂（99d8～e2）。

在《斐德若》中，苏格拉底对阿那克萨戈拉的挖苦则尤其对今天的我们富有教益，因为，苏格拉底在这里特别说到，雅典民主政制领袖伯利克勒斯蛊惑人心的讲演技艺就是从阿拉克萨戈拉的理智论衍化而来（《斐德若》，269e4—270a8）：

> 了不起的大人物所拥有的所有技艺，都需要对本质说过来说过去、想过去想过来。因为，技艺家所具有的那种慷慨心性以及它那无远弗届的感染力，只会从那儿得来。除了靠自己的天赋外，伯利克勒斯获得的就是这东西；我觉得，由于当时他与阿拉克萨戈拉这样的人在一起，从他那儿学到了翻来覆去地想本质，进而探知努

斯的天性以及缺乏努斯的情形。就这些话题，阿拉克萨戈拉作过不少文章，伯利克勒斯则能从他那儿取来，再挪到讲演技艺中派上用场。

古希腊哲人教热爱智慧的人首先要追求正义、节制、虔敬的政治德性，"自由"本身并非一种德性。一个人有**自由的个体人格**不等于他具有正义、节制、虔敬的德性。同样，一个人有理性思维能力不等于他有权利强制地抹除正义、节制、虔敬的德性。如果一个人用自由个体人格和"自己的理性思维能力"来取代正义、节制、虔敬等**政治德性**，他就会成为公知。

其次，我的哲学与我生活的这个时代有密切的联系，是与我本人的命运分不开的。我不认为自己是一个有哲学天赋的人，从小就觉得自己比较笨。我是自己把自己造就成今天这样的。这一点我从一开始弄哲学就非常清楚，也算是我在哲学上思考的一个"成果"吧。

思考：历史上每个热爱智慧的人都与自己生活的时代有密切关系，与自己"本人的命运分不开"——但每个哲学爱好者对自己与时代关系的理解以及对自己"本人的命运"的理解并不相同。换言之，某个哲学爱好者的这种自我理解恰好可以让人看到他的 Nous[心智]品质。晓芒说自己没有哲学天赋,是谦虚说法,因为他说,他"是自己把自己造就成"哲学家的,没有哲学天赋怎么成! 不然的话,这段表述恐怕有逻辑矛盾。

困惑:既然这一点"从一开始弄哲学就非常清楚",怎么又是"在哲学上思考的一个'成果'"? 如果从整段文意来理解,这段话的意思也许是:"自己是一个有哲学天赋的人"是晓芒"在哲学上思考的一个'成果'"。倘若如此,晓芒在后文"把自己的哲学命名为'自否定哲学'"(引按:否定了自己没有哲学天赋或"自己比较笨"),也可以说是**自由的哲学,创造哲学,主体性哲学,等等**",也就可以理解了。

既然如此,晓芒带领学生"在课堂里一页页'啃'经典"又是在干什么呢?

所以我在读哲学书的时候,凡是那些能够鼓舞人去造就自己的哲学家,总是能够得到我的共鸣。而凡是叫人服从命运的哲学家总是使我厌恶。这几乎一开始就决定了我的哲学倾向,我差不多从进哲学门起就没有改变过自己的主要观点,什么"转向"、"转身"之类的事没有发生过。

原来如此! 晓芒"啃"经典或"哲学书"时是**有选择的**,选择标准为:"凡是叫人服从命运的哲学家总是使我厌恶"。哪些古典哲学家"叫人服从命运"? 好像恰恰是**廊下派**这样……

既然晓芒是康德、黑格尔、马克思专家,那么,他们仨当是最"能够鼓舞人去造就自己的哲学家"。尽管如此,无论康德、黑格尔还是马克思,似乎谁都没有为晓芒自己把自己造就成哲学家作出过贡献,因为他们仅仅是能够得到他的"共鸣"而已。

能进一步推想:晓芒大概认为自己与康德或黑格尔或马克思一样伟大——因为他自己就是"鼓舞人去造就自己的哲学家"?甚至于更伟大,因为,无论康德、黑格尔还是马克思,至少都还有哲学问道上的凭靠,而晓芒"是自己把自己造就成今天这样的"……无论康德、黑格尔还是马克思,都有过不那么成熟的**早期思想**,晓芒则宣称自己的思想"差不多从进哲学门起就"已经成熟,"什么'转向''转身'之类的事没有发生过"……感人啊!

刘苏里:哲学思考与时代的关系,在你过去的讲义中,多次提到这一层,能结合我们的时代,具体谈谈么?

邓晓芒:在每周的课堂上我都能感受到这一点。这也是支持我奋力向前的动力,觉得值。我的学问是为自己,但正是为了自己才考虑,把思想投到哪个方向才最有价值和成就感,这就与社会、历史和责任关联起来了,与时代和民族命运关联起来了。

思考:晓芒的学问仅仅是听起来像"为己之学",既然他把自己"与时代和民族命运关联起来",他的学问就绝非仅仅"是为自己"。不然的话,这段说法在逻辑上有问题。

> 当然我所做的哲学是中国人的哲学,我常讲我是做中国哲学的。而中国人当代所需要的哲学,我认为正是这种能够鼓舞人的生存意志的哲学。因为当代中国人萎靡不振得够可以了,几十年都在随波逐流,投机取巧,没有人格,没有道德原则和底线。怪谁呢?怪我们这个民族不争气,我们每个人不争气。所以青年中现在到处弥漫着一种渴望,希望有一种能够使自己从根抵上振奋起来的哲学,一种真正积极的生存方式。

惊讶:这段话太有气魄!或者俗话说,"好大的口气"——"当代中国人萎靡不振得够可以了,几十年都在随波逐流,投机取巧,没有人格,没有道德原则和底线"——这是个全称断言哦!

困惑:"几十年"从什么时候算起?无论从三十年、四十年还是六十年算起,是否可以由此推论:晓芒不是"当代中国人"?因为,唯有他"争气",有"生存意志",因此,晓芒自己创造出了"生存意志的哲学"来教化当代中国人?他随后又说,"我们这个民族不争气,我们每个人不争气",这里的"我们"包括晓芒自己吗?——费解。

不费解的是：前面晓芒说自己的哲学是"为人民打工"，听起来是为人民服务，现在可以肯定，所谓"打工"云云是糊弄人民的。因为，这位"人民的哲学家"自负地认为自己的启蒙"德性"比所有"当代中国人"都好，他有权利／权力凭靠这种"德性"教化当代中国人。

还有困惑："民族"是个集合概念，"每个人"就不是了。即便说当代中国仅有一个人在"争气"，没有"萎靡不振"，苏里听到这话怎么还不汗颜啊？——费解。

何况，怎么又说"青年中现在到处弥漫着一种渴望"……？前面不是说"当代中国人萎靡不振"和"我们这个民族不争气，我们每个人不争气"吗？莫非"民族"和"每一个人"都不包括"青年"？……这是有 Nous 的人说出的言辞，还是谵妄之言？

不行！我脑子有些乱了……谁能理解这样的言辞，我真愿意赞他智商超群。看来唯有苏里能理解，因为他竟然能昧着自己的智商夸赞说这种话的人是"好的哲学家"……

刘苏里：一个好的哲学家，一定是紧贴着时代提出的问题前行的，你觉得，我们时代，有哪些问题，值得你如此投入心力，去思考，解答，论辩？

邓晓芒：其实我们这个时代像我一样感受到命运的中国人到处都是，但我可能想得深一点，我相信我所想到的必定也是其他很多人想到和可能想到的。我和那些孤独的哲学家似乎不太一样,虽然我也很孤独,但我感觉到普遍人性都会站在我一边,与我相共鸣。所以我从不愤世嫉俗。

要解答和追问的问题很多。比如自由意志的问题,这个西方几百年的老问题我们就从来没有想透过。再就是比如人权和人格的问题,在中国人的思想中几乎还是一片空白,更吊诡的是中国人差不多都自认为这些问题我们早已吃透了,不用谈了,现在要谈的是如何消除它们的"负面作用"的问题。这种中国式的智慧真是大愚若智啊!

读到这段话我本来想笑,但不敢笑,或者说困惑抑制了想笑:晓芒刚刚才说"当代中国人萎靡不振得够可以了","我们这个民族不争气,我们每个人不争气",现在又说像他自己"一样感受到命运的中国人到处都是",他"所想到的必定也是其他很多人想到和可能想到的"……到底是哪种情形啊?

"命运"这个语词在前面谈到成为哲学家时出现过,"像我一样感受到命运的中国人到处都是",意思是不是说,像晓芒一样感受到要成为具有自由个体人格和启蒙理性思维能力的"当代中国人"到处都是?既然如此,怎么会"当代中国人萎靡不振得够可以了"?晓芒自己怎么又"很孤独"啦?模仿鲁迅的孤独?费解得很!

"那些孤独的哲学家"指谁?从文脉看应该不会是外国人……可接下来晓芒又说:"比如人权和人格的问题,在中国人的思想中几乎还是一片空白,更吊诡的是中国人差不多都自认为这些问题我们早已吃透了"——这里的"中国人"岂不表明,"那些孤独的哲学家"指外国人?——非常非常费解,不是吗?……

晓芒的二十五本专著如果都是用这样的语式写的,肯定不是一般地难懂。谁能看懂,谁就已经是与晓芒一样"感受到命运的"人。

还有困惑:所谓"我感觉到普遍人性都会站在我一边"……费解。何谓"普遍人性"?这个概念如何让人"感觉到"会站到自己一边?"普遍人性"是哪里生出来的,原来它站在哪儿?——费解!

霍布斯说,畏惧暴死是普遍人性,晓芒感觉到畏惧暴死会站在他一边吗?如果站在他一边,这位哲学家能理解高尚的不畏暴死吗?能理解张自忠的不畏暴死,咱川军在台儿庄战役中担任阻击时的不畏暴死,咱志愿军在上甘岭的不畏暴死吗?——费解。

不费解的是,晓芒自以为站在"普遍人性"一边,由于"中国人"站在另一边,与"普遍人性"格格不入,他不得不与"中国人"为敌。

整个这段说法都费解——苏里不是邀请晓芒谈自己"最得意的思考成果"吗?这是"充分运用和发挥自己的理性思

维能力"的"思考成果"吗？即便是，这些"思考成果"的表述也未见得是"充分运用和发挥自己的理性思维能力"的结果。但我又不能用"情绪化和起哄的劣习"来解释这段话，因为，这种"劣习"在一开始就遭到"拒斥"。是否只能这样解释：这样的表达是典型自由主义教士的炽热语式，只有同类人听起来没有障碍。谁听起来毫无障碍，谁就已经是自由主义教士，甚至还得是**资深**的……是不是这样呢？

刘苏里：深有同感。实际上是自欺欺人。但这问题的症结在哪里？中国人历史上不是最讲"人学"的么？

邓晓芒：中国人的确讲"人学"，但这种"人学"（人伦之学）是指如何毁人之学，如何"做人"之学，或者讲如何学会"做人"。这与西方的人学完全是相反的，西方的人学是研究人，为人设想更加人性的生活方式，中国人学是琢磨人，为有权者设想出更加能够控制人的手段。中国只有道家的任自然之学才间接为人性留下了一点余地，但也可怜得很。

思考：中国的"人伦之学""是指如何毁人之学"……"中国人学是琢磨人，为有权者设想出更加能够控制人的手段"——这岂止是"**文革**"**大批判**语式，简直可以称得上是**血口喷人**，哪里像一个有 Nous 人说的话。

所谓"大批判语式"是这样的：不分基本的好坏对错是

非，只求符合某种"政治正确"。唯有启蒙理性才教人学会如何"做人"，所有传统的"人学"都是在让人学会"如何毁人"。这种语式我们曾经耳熟能详，"五四"时期就有，"文革"时期更不用说，算不得什么能"打死人"的惊人之语。

困惑："西方的人学"这个概念太过含混，说中国看重"人伦之学"没有问题，因为此学*一以贯之*。"西方的人学"恐怕不能这么说，因为，古希腊罗马的"人学"与近代以来西方的"人学"有实质差别，不然，我们该如何理解近代以来的西方哲学家不断批判自己的传统？

还有**困惑**：中国的"人伦之学"可以说是孔子奠立的，但我们能说孔子的*为学*是在教"如何毁人"？"任自然之学"这个术语也不知所云，不过倒是可以帮助我理解，中国的"人伦之学"没有"为人性留下"哪怕可怜的一丁点儿余地。由此可以理解，为何"普遍人性"让晓芒感觉站到他那一边去了。

随后几段笔谈完全没法读懂，不明白在讲什么，跳过去……

接下来晓芒说到"中西文化比较问题，这方面总是能够激起一波又一波的*民族主义狂热*，这种狂热在今天只会把我们民族拖向更加野蛮、更加落后和更加*被世人耻笑*的境地"。"世人"指谁？"我们民族"会被哪些"世人耻笑"？晓芒想到过自己对中国传统的人伦之学的*野蛮行径*吗？想到过自己甚至落后于常识德性吗？想到过自己可能会落入*被世人耻笑*的境地吗？如果没有，他就至少落后于常人都会有的*知*

耻感。

所谓中国的"民族主义"是自由主义教士经常且不断鞭挞的对象,因为据说与"普遍人性"和"普世价值"相违。我以前只晓得民族国家是法国大革命开创的格局,民族主义其实源于推崇"普世价值"的自由主义国家,晓芒的说法让我开了眼界:

> 邓晓芒:确切地说,中国人其实并没有真正的民族主义,而只有家族主义,只不过是把儒家所立足的宗法制观念扩展到国家民族上去而已。你看那些民族主义分子们的叫嚣,怎么看也就像乡下搞宗族械斗时的那些勇敢分子。这种民族主义需要一个代表他们的大家长,他们也许会抱怨家长没有给他们撑腰、长脸,甚至还会闹事,但骨子里不过是一种"义仆"、"家奴"的身份,并没有独立的民族意识。

困惑:这是有Nous的人在凭学理批判,还是教士在批判学理?"中国人其实并没有真正的民族主义"——费解!"你看那些民族主义分子们的叫嚣"看来指当今的某些人,但第一句"确切地说"不是说当下具体某个事件、某些人,而是说整个中国历史。

倘若如此,远的不说,晓芒会把在抗日战争中捐躯的中国人的灵魂放在哪里?难道那么多在抗日战争中捐躯的中国人的"骨子里不过是一种'义仆'、'家奴'的身份"、"并没有独立的民族意识"？……

反对签署巴黎和约的北平学生们上街,倒像是"抱怨家长没有给他们撑腰、长脸",因此"甚至还会闹事"。晓芒在这里让我们真切地看到,一个"人民的哲学家"在何种程度上与人民的自然德性为敌。

> 中国的民族主义不是一个政治概念,而是一个种族概念,比如香港回归时唱的那首使每个中国汉人感到骄傲的歌:"永远不改变黄色的脸"。这首民族主义色彩浓厚的歌居然把中国的白种少数民族排除在外了,却没有一个中国人发现这一点！

困惑:"政治概念"与"种族概念"的区分是什么,我期待给出像康德哲学那样明晰的辨析。晓芒给出的是一个举例论证,尽管精彩,我还是没有明白"政治概念"与"种族概念"的区分。

晓芒说,"**没有一个中国人发现这一点**"(我相信如此)——从逻辑上讲,这证明晓芒不是"中国人",因为他"发现[了]这一点"。毕竟,他甚至不能分清香港是否原属汉人居住区,香港回归时唱"使每个中国汉人感到骄傲的歌"在逻辑上错在哪里。

邓晓芒：对于中国人来说，西方人早已想过几百年的那些问题其实是最值得我们去想的，因为我们从来没有想过。当然，我们一旦想，也许会比西方人想得更深一点，因为我们的文化背景大不相同。比如说什么是真正的自由，西方人想了几百年，自认为想透了，其实也还没有。不过他们至少比中国人想得深一些，在此之上他们建立起了保护每个人自由的法制社会。

苏里听了这话一时可能激动，忘了问晓芒，对于"什么是真正的自由"，究竟是西方人想得深还是中国人想得深？是否可以理解为，除了"我们"中国人和"他们"西方人之外，还有一个自由主义教士的"我"，这个"我"比中国人和西方人都想得深？晓芒后来的确说道，

> 正因为传统中国人观念中没有自由和理性这两方面的基因，所以我的思考对所有的人几乎都是一种挑战。

这无异于说，晓芒用自己一个人的头脑既战胜了西方人的愚昧，也战胜了中国人的愚昧……

可是，这个比中国人和西方人想"什么是真正的自由"都想得深的"我"是哪国人啊？能推论说：哪国人都不是，而是某个"神"？——那倒真的有些儿像柏拉图笔下的某些

"神"了……非常非常费解!

困惑还没完:这一节的标题是"哲学",为什么我没有看到"热爱智慧",仅看到自由主义教士的**炽热偏执**?尽管如此,在随后的"战士"一节,苏里一开始就强调,唯有晓芒是当今中国的"好思想家"、"好哲学家",并以他为榜样来证明:"一个**好思想家,好哲学家的本质**"就在于,他的"学术、思考工作,是'战斗'的,具有很强的针对性"。

晓芒的"学术、思考工作"究竟有怎样"很强的针对性"?

邓晓芒:在五四时代,思想界的先驱者们是脆弱的,因为他们只凭思想文化上的论争来解决问题,而一接触现实,就只好投降,因为现实还是支持传统文化的。鲁迅笔下的五四先锋吕韦甫,一旦回到乡村,就只好去教《三字经》。但今天不同了,现实是支持普世价值的。民主与科学,自由人权法制,不再只是知识分子口头上的东西,而是打工者维权的利器。

思考:苏里不是说,晓芒是在"思想'战线'"上"战斗"吗?现在,晓芒自己说"只凭思想文化上的论争来解决问题"是"脆弱的","一接触现实,就只好投降"——我想起"文革"后期的"批投降派"宋江的事情……

从"文革"中过来的人一定熟悉这类语式。如今,只要把毛泽东思想换成自由主义"普世价值"论,一个"知识分子"就可以如同当今的自由主义"红卫兵"那样"战斗":首先凭"民主与科学"的**法权**抄掉自古相传的文明家底,然后把古代圣贤拉出来**戴上高帽反剪双臂**游街批斗,最后再用"自由人权法制"把圣贤们打倒在地并踏上一只"普世价值"的脚……晓芒写的二十五本书恐怕都在干这些事吧……

五四时代的"现实还是支持传统文化的","但今天不同了,现实是支持普世价值的"——那么,这种现实的**改变**是谁带来的呢? 是怎样带来的呢?"现实"从"支持传统文化"变成"支持普世价值",没有**天翻地覆**的革命能成吗? 最有力地改变了"支持传统文化的""现实"的革命是什么革命? ——不言而喻!

刘苏里:可**现实需要**,与当政者的认识之间,有着巨大无比的鸿沟,这里哲学家有什么可做功的地方?

邓晓芒:不光是哲学家,中国知识分子的历史使命在今天就是要为即将到来的政治体制改革提供理论基础和舆论准备。

困惑:"现实是支持普世价值的"不等于"现实"已经实现了"普世价值",因此,晓芒**自觉地**要做**政制改革**的理论家,为的是**再来一次改变"现实"**的革命? 倘若如此,晓芒的"学术、思考工作"即便是在"思想'战线'"上论战,也是为了促成实际的政治行动……

看来,这位"人民的哲学家"所要"服务"的其实不仅仅是"打工者",还包括"当政者"……晓芒不是在**搞政治**吗?如果是,他又怎样"为即将到来的政治体制改革提供**理论基础和舆论准备**"?——好奇!

邓晓芒:从长远看,中国的国民性改造的任务还远未完成,但我们很多人已经厌烦了这种工作。他们自己就停留在国民劣根性中。

刘苏里:你时常提到这一点,非常深刻,也非常尖锐。

苏里的称赞让我感到**好笑**,毕竟,改造国民性是鲁迅的著名主张——毛泽东当年已经继承鲁迅精神,在中国人的灵魂深处闹了一场大革命。这再次证实:晓芒继承的**不仅是**鲁迅精神,而且是**文革版**的鲁迅精神。如果苏里称赞他的哲学家"非常深刻,也非常尖锐",就表明他自己也是"文革"的好学生……奇怪的是,**苏里怎么不觉得自己好笑**呵。

邓晓芒:鲁迅的国民性批判还是过于纠缠在政治实用主义上,过于峻急了。我讲的人性批判其实是接着鲁迅讲,要深入到每个人内心的那种人性缺陷,使这种批判精神成为每个人的人性中的一个层面,一种素质,不是用来救国,而是拯救自己的灵魂。……

刘苏里：这就是你经常谈到的"新批判"么？

邓晓芒：我的新批判就是要指出今天一些人的误区，打破他们自我陶醉的美梦，希望大家能够一起来面对严峻的现实。我的清理工作主要是思想上和方法上的，至于具体的那些理论问题的清理，需要一大批人来做，三千年的奥吉亚斯牛圈不是一两天或几个人可以打扫完毕的。

思考：十年"文革"就是十年的不断"批判"——尽管从五十年代中期开始，在我们中国的"现实"中，"大批判"从来没有间断过，只不过"文革"时期达到巅峰而已——"传统文化"的"现实"就是如此被改变的。

要深入到每个人内心的那种人性缺陷，使这种批判精神成为每个人的人性中的一个层面，一种素质，不是用来救国，而是拯救自己的灵魂。

——这岂不是说，文化大革命对"传统文化"的大批判还没有彻底，只要把**毛泽东思想**换成"新"的普世价值，再来一场"要深入到每个人内心的那种人性缺陷"的文化大革命就势在必然？毕竟，"三千年的奥吉亚斯牛圈不是一两天或几个人可以打扫完毕的"啊……

我理解了晓芒的所谓"新批判主义"的"新"：要用"新"

的普世价值——尽管两种不同的普世价值同样可以追溯到启蒙迷狂——把史无前例的"大批判"进行到底,彻底改造每个中国人的"人性"。苏里怎么不提高警惕呵!? 难道他骨子里与晓芒是一类? 难道他不知道自己也在晓芒的"新批判主义"的火力范围,如果他身上还有中国人的"人性"的话?

刘苏里:大概只有少数人认为我们面对"严峻的现实",多数人要么同陈冠中小说《盛世》里说的,嗨赖赖,要么有些事让他疼了,转过身就去感叹、歌颂盛世,甚至很有些自豪感呢。

邓晓芒:这种自豪感正是中国人劣根性的一大表现,在鲁迅的《理水》和许多作品中都有描述,洪水来了,你看那些没有被淹死的老百姓那个乐啊! 当年鲁迅很有些犹豫,是唤醒他们让他们痛苦而死,还是让他们安乐死更合乎人道呢?

困惑:自由主义大师韦伯或是伯林从来不觉得"普世价值"同民族"自豪感"有什么抵牾,而是一再张扬民族"自豪感"。这两位中国的自由主义教士为什么不说韦伯或伯林具有地道的民族主义"劣根性"? 因为他们的民族性具有"普世价值"?

苏里用了"少数人"与"多数人"的对比——"少数人"当

指那些自己的"人性中"已经有"普世价值""基因"的人,他们显然是自由主义者。"多数人"的"人性中"还缺乏"普世价值"的"基因",所以他们"歌颂盛世,甚至很有些自豪感"——谁的"盛世"?哪国的"盛世"?不是中国人的"盛世",中国的"盛世"吗?

倘若如此,晓芒把"多数人"的"自豪感"视为"中国人劣根性的一大表现",再次表明他不是中国人。从举的鲁迅作品的例子来看,晓芒竟然把苏里说的"多数人"比喻为"没有被淹死的老百姓",然后给他们安排了两种死的结局——他显然打算让中国的百姓们因被唤醒而痛苦地死。晓芒对"没有被淹死的老百姓"的态度是不是有些让人惊骇?

> 刘苏里:……问题是,国人,甚至包括自诩为精英的人物,似乎认为自己正站在历史的高处,可以指点江山。
>
> 邓晓芒:我从来不看好那些高调的精英,他们太把自己当回事了。历史将证明他们轻如鸿毛。

困惑——难道不可以问:问题是,苏里自诩为何许人物?他这会儿与他的哲学家编对话是在干什么啊?他自己是站在历史的低处指点江山吗?晓芒又自诩为何许人物?他不是亲自让读者看到他自己"太把自己当回事"?为什么他自己就不能看到,历史将证明他的"个体人格"和"自由信念"轻如鸿毛?

刘苏里：多数精英或许是糊涂。在一个急剧转型的时代，每人陷在挣扎的漩涡中，能看明白事理，很难。我想，你多年的耐心工作对象，除年轻的学子外，恐怕也包括糊涂的精英吧。我常有冲动：都来读读邓晓芒吧。回到你批判工作话题上来。你觉得，这么多年，尤其在年轻学子这里，你的工作有明显的成效么，以测试你用力的方向是否正确？

苏里聪明地区分了"多数精英"与少数精英——显然，他自己和他的哲学家属于少数精英。他已经迫不及待地要对自己的哲学家点题："你多年的耐心工作对象，除年轻的学子外，恐怕也包括糊涂的精英吧。"——苏里明显在暗示，要让晓芒发话教育"糊涂的精英"。

邓晓芒：我更寄希望于年轻人，如班上听课的学生，他们即将走向社会，被逼迫对这个社会进行思考。我努力对他们进行敲打，锻炼他们的思维能力。效果当然不可能立竿见影，但工作总是要做的。多年来我的这些研究生大部分没有去投身于政界或商界，而是当教师，这是我感觉最有希望的。至少他们知道在中国，还有人不像一般糊涂的中国人那样思考问题。这种影响力是潜移默化的，而且我相信将越来越大。

晓芒对"糊涂的精英"已经失望，或者"本来就没有""抱太大的希望"。像鲁迅一样，他"更寄希望于年轻人"。晓芒的大学课堂是用来锻造未来的自由主义公知精神的，或者培育自由主义"红卫兵"的。自由主义公知的定义是：他们"不像一般糊涂的中国人那样思考问题"，他们必须用"比如普世价值，人的自由和人权"这套观念"敲打""一般糊涂的中国人"。

"锻炼他们的思维能力"，就是树立"比如普世价值，人的自由和人权"观念——正因为晓芒把"比如普世价值，人的自由和人权"观念等同于"理性思维能力"，他才会有这样的推论：不具有"比如普世价值，人的自由和人权"观念，就等于不具有"理性思维能力"。这就像如今的一些自由主义"学人"的逻辑："普世价值，人的自由和人权"观念等同于"学理"，不具有这类"正确的"政治观念就等于没有"学理"。

〔苏里终于忍不住干脆点刘小枫这个"糊涂的精英"，于是，晓芒有了一段"新批判主义"的评议。苏里满意了，他把话题转到最后一节"目标"〕。

刘苏里：好，让我们再回到你的基础工作上来：哲学的讲授。前天，我向一位朋友推荐你的《康德〈纯粹理性批判〉句读》。他说，这是能打死人的东西，他很看重这样的工作。……

邓晓芒：《句读》里面有一种精神，就是要将号称最难读懂的西方经典用一个中国人的头脑加以把握,打破西方经典不可读懂的神话。这难道不是建立中国人自信心的具体工作吗?在今天,我们民族的自信就是相信自己能够应对时代的巨变,能够利用一切可以利用的文化资源解决现实生活中的问题,而不是逃到故纸堆里自我陶醉。但恰好就有人认为这样认真对待西方经典丧失了中国人的自信了,你看这不是颠倒了?

晓芒刚刚批判过民族的"自豪感",现在他开始说自己所理解的"我们民族的自信"。他说自己"有一种精神",这就是"打破西方经典不可读懂的神话"……苏里自称喜欢读书,他知道谁制造过"西方经典不可读懂的神话"吗?在晓芒课堂上"听课的学生"知道吗?

不难设想的是,苏里和那些"听课的学生"都会以为,读"懂"《康德〈纯粹理性批判〉句读》就会建立起"中国人的自信了"……从而就可以重建"中国人"的自豪感。因为,晓芒刚刚才说:在当代中国,"多数人"的"自豪感"是为当今中国的盛世而自豪,但这种自豪是"中国人劣根性的一大表现"。

由此看来,晓芒认为,"用一个中国人的头脑"把握了"号称最难读懂的西方经典"获得的自豪感可以而且应该比老百姓为自己祖国的盛世感到自豪更好、更高贵、更优秀,从而就革除了"中国人劣根性的一大表现"。

苏里或"听课的学生"会不会想到另一种可能性呢?那

就是:晓芒的这种说法本身恰恰是个体"劣根性的一大表现"。毕竟,民族的劣根性总得体现在具体的个人身上。

比如,苏里或者"听课的学生"如果认真读过点儿书就可以问:是不是还有比《纯粹理性批判》更难读懂的西方经典呢？是不是有比《纯粹理性批判》更难读懂的中国经典呢？《论语》、《庄子》(更不用说《易经》)是不是比《纯粹理性批判》更难读懂呢？

再说,为何偏偏要把读懂《纯粹理性批判》视为"建立中国人自信心"的标志呢？再说,要读懂《纯粹理性批判》的确辛苦,而且不容易……可是,就算《纯粹理性批判》是最难读懂的西方经典,晓芒也不是第一个"用一个中国人的头脑加以把握"的人……《批判哲学的批判:康德述评》写得多漂亮！难道晓芒没读过这本书？苏里没读过倒可以设想,不然他不会紧接着说:

> 刘苏里:这些人的"自信",更像是要白手起家。这很像毛的遗产。毛大概是马列都不信的,只信自己。但你的基础工作,仍波及面不够广泛,是否应做进一步检讨？因为你的写作毕竟不是为了藏之深山,传诸后世的啊。

苏里的这话已经近乎阿谀……尽管如此,晓芒接下来无异于打了苏里一巴掌,因为,晓芒接下来的说法表明,他的

"自信"才真的"更像是要白手起家"。

> **邓晓芒**：我相信陈康先生的话，中国人的自信是要能够在西方人面前讲西方哲学才能够真正建立起来。我自信这本书就是拿到西方也是站得住的，他们其实很多地方都没有搞懂。
>
> **刘苏里**：我可以告诉你，你的绝大多数作品，在万圣，都卖得不错，特别有几种，比如《中西文化比较十一讲》、《文学与文化三论》等等。你刚才说的一句话，在我最近的一篇评书小文中也说到了——这样的讲法，恐怕在西方也少见呢。
>
> **邓晓芒**：我相信我的一些书如果有人翻译成外文，都会让西方人吃惊的。有好几次国际会议我用德文写的论文都在德国人中引起了很大反响。但我现在没有时间专门来做这种事，我还有大量更重要的事情，这一辈子的任务够我忙的了。

看来，苏里很聪明，他如此巧妙地引导对谈：他刚刚说有些人的"'自信'更像是要白手起家。这很像毛的遗产……"，现在他就（兴许不怀好意地）让晓芒亲自展示了自己靠"白手起家"的自信：晓芒大概是康德-黑格尔-马克思都不信，只信自己，不然怎么能自己把自己"造就"成了哲学家？

晓芒说自己的书如果译成外文"会让西方人吃惊"——哪个西方人会吃惊？哈贝马斯还活着，不知道他会不会吃惊。

晓芒刚刚在前面还说自己"从来不看好那些高调的精英，他们太把自己当回事了。历史将证明他们轻如鸿毛"……其实，别说高调的精英，任何精英都轻如鸿毛，这一点儿问题都没有！问题是，我还真没听见过当今中国哪位"高调的精英"有如此高调的自信——苏里听见过？

晓芒"用德文写的论文都在德国人中引起了很大反响"——而且不止一次……感人啊！可以理解，对德国人讲，他们对《纯粹理性批判》"其实很多地方都没有搞懂"，德国人会没有"很大反响"吗？但若对德国人讲，中国老百姓为自己祖国的盛世感到自豪是"中国人劣根性的一大表现"，会有"很大反响"的恐怕就不仅仅是德国人了……

基于更像是"白手起家"的"自信"，晓芒接下来谈到自己的思想和哲学——或者说，接下来的说法让我们看到，何谓晓芒自己的"白手起家"的"自信"（括号中的感叹号是我阅读时忍不住加的）：

> 邓晓芒：一个是结合中国本土的国情，另一个是结合全球化的视野，站在普遍人性的高度来锻造自己的思想。什么是中国特色？这才是中国特色！海德格尔说，一切哲学都只讨论同一个问题。我的哲学也不例外，你

> 不必指望我说出什么与所有人都不同的怪论来。但我自信(!)可以把同一个问题推进一点,搞得更深一点。我把自己的哲学命名为"自否定哲学",也可以说是自由的哲学,创造哲学,主体性哲学,等等,这些都不是什么新东西。但我有自己的阐发。这种哲学在当代西方遭到后现代主义的痛批,但之所以如此,还是因为从前的这类哲学,从康德、黑格尔、尼采到海德格尔,都还没有到位(!),所以不能抵御反对意见。只有把它与中国的经验结合起来加以深化,才有希望使主体性哲学焕发青春(!)。

这段"自信"的话让我有好些困惑。首先,"站在普遍人性的高度来锻造自己的思想"就是"中国特色"?中国不是没有"普遍人性"只有"国民性"吗?这是什么逻辑啊?

其次,"主体性哲学"据说是康德哲学的别名,晓芒把"这种"或"这类"哲学"遭到后现代主义的痛批"解释为"从康德、黑格尔、尼采到海德格尔,都还没有到位"。说康德建立了"主体性哲学",黑格尔深化了这种哲学,如此说法的确"都不是什么新东西"。但把尼采和海德格尔也纳入"主体性哲学"传统,会不会犯了现代哲学史的**常识错误**?业内人士看到这样的说法不会发笑?

我仿佛记得,海德格尔曾毫不留情地批判过康德(参见《形而上学导论》),尼采对康德近乎痛斥(参见《敌基督》),

所以,后现代主义哲学家们把他们视为老师,怎么会是"主体性哲学"在尼采和海德格尔那里"都还没有到位"呵?会不会是晓芒自己的哲学史功夫"还没有到位"啊?如果我没有记错,晓芒要抵御后现代主义,"希望使主体性哲学焕发青春",他是不是得先批判尼采和海德格尔?

再说,早在三十年前(上个世纪七十年代末),就已经有中国的哲学家结合"中国的经验"深化过康德的"主体性哲学",使得这种哲学一度焕发过一阵子"青春"。晓芒是同时代人,不会不知道……如果我说晓芒的"自信"出自"白手起家"的含义是:他对现代西方哲学史的理解是"白手起家"——不知道这样说有没有什么逻辑毛病……

> 邓晓芒:我认为,后现代主义在中国的诠释基本上都是误解,因为这些诠释者都没有古典哲学的根基,所以要攻破他们是很容易的,只要指出他们对哲学史的无知就行了。西方的后现代主义是西方近现代哲学的必然延伸。但是,后现代主义在西方已经走投无路了,最近十年没有出现世界级的大师,这是西方思想的没落。他们有见识的学者纷纷转向西方经典的重读。我预计西方将有一个古典复兴,那时才有可能重新产生大师。这也正是中国哲学真正走向世界的机会。

真好玩!晓芒刚刚让我们看到他自己"对哲学史的无

知",他竟然可以紧接着就大言不惭地漫天指谪中国学界"对哲学史的无知"。

更好玩的是,晓芒竟然会说,"最近十年没有出现世界级的大师,这是西方思想的没落"——苏里怎么不想一想,思想界十年没有出现过大师就等于"思想的没落"？康德出现之后到现在有多少年啦？西方"最近十年没有出现世界级的大师",晓芒就开始有"自信"了,他不仅要指点"中国哲学"的未来,还要"预计西方"思想的未来……这不是"白手起家"的"自信"还会是哪种自信啊？

既然我们已经见识过晓芒的哲学史常识,他"预计西方将有一个古典复兴,那时才有可能重新产生大师"云云,但愿苏里别当真就好。如果苏里不是*不懂装懂*,他就应该问晓芒:西方将要复兴的是*哪个*"古典"？晓芒所谓的西方"古典哲学的根基"又是什么？可以肯定,不会是柏拉图—亚里士多德—托马斯·阿奎那意义上的古典,毕竟,那里并没有晓芒心仪的"普世价值"。

最好玩的是,晓芒说,"西方将有一个古典复兴……这也正是中国哲学真正走向世界的机会。"——真奇怪,苏里为什么没感到奇怪:西方人复兴自己的"古典"与"中国哲学真正走向世界"有什么相干？这种"自信"的逻辑究竟是怎么回事？*不是一般地让人费解*。苏里不但没有感到奇怪,他还兴致勃勃地跟着说……

刘苏里：可有些后现代"大师"，还在那里精致地引用、"发明"各种修辞，忙着为当权者涂脂抹粉。

邓晓芒：我几乎已经没有兴趣与他们较劲了，这些人的政客嘴脸太明显了。

刘苏里：你对他们的定位多准啊！生的不是政客的胚子，却想玩政客的把戏，脚踩两只船，不用别人，到头来是自己把自己打翻在地。

晓芒说自己"几乎已经没有兴趣与他们较劲了"，这等于说他"最近十年"来曾经一直在与那些后现代的"大师"们"较劲"——显然，这指的是中国的那些现代的"大师"们。

好坏的是，现在晓芒看出"这些人的政客嘴脸"了……这也等于说，晓芒的"新批判主义""最近十年"来一直在与"政客嘴脸""较劲"——可以这样理解吗？不然的话，就只能理解为晓芒在骂人……

笔谈从"'啃'经典"开始，以骂人结尾："人民的哲学家"怎么这样啊？——不是一般的费解！不是在谈哲学抱负吗？怎么说到"政客嘴脸"？晓芒在笔谈开头说过："拒斥情绪化和起哄的劣习"——现在两人明显都有点儿情绪化和起哄。

我注意到，首先是晓芒这位康德专家开口骂人，而不是自称爱读书的苏里……在骂谁呢？肯定是中国人，不然俩人不会如此来劲。但什么样的人才会情绪化地起哄甚至骂人？在哪里可以看到这种现象？听说网上经常都有……真的吗？

困惑:"政客嘴脸"是什么意思?这里的文脉是在谈哲学大师,是否可以理解为:如果哪位搞哲学的也同时去搞政治,就是"政客嘴脸"。苏里的说法似乎印证了这一点:"生的不是政客的胚子,却想玩政客的把戏"。

可是,如果这么理解,苏里推荐的榜样不恰好就"脚踩两只船"——既搞康德-黑格尔,又搞自由民主政治("为即将到来的政治体制改革提供理论基础和舆论准备")……

我感到奇怪,晓芒怎么不会想到,"生的不是政客的胚子"会不会是在骂他?再说,苏里不也是一边自称好读书,一边自称在搞自由民主政治吗?他怎么也不会想到,"政客嘴脸太明显了"是不是在骂他?

当然,我绝不能这样想!不应该想的事情最好别想,思-想的自由还是得有点儿自我节制为好。无论如何,这两个人的笔谈真的太好玩。这应成为他们两人共同的传世杰作,让今后千秋万代的中国读书人都记住:二十一世纪初的中国读书人中间曾经有过这类"公知"——为了实现未经审视的"自由民主"政治观念,他们与"文革"初期的红卫兵一样,肆意践踏道德常识、学问品质乃至智识本身。

刊载《哲学家今天的角色》的 Soho 小报 2010 年第九期的总标题是:"回到常识"。什么是常识?"普世价值,人的自由和人权"观念是常识?晓芒不是说,"这都是在[德国]古典哲学中奠定的基础"?既然如此,自由主义教士的"常识"不过是近代启蒙哲学家构造(或伪造)出来的"常识"?

是不是这样的呢?

以粗鄙、暴虐的言辞让自由民主的政治诉求剥夺世人的道德常识,还有谁比潘恩的小册子《常识》做得更为出色呢?如十九世纪初期的著名政治评论家根茨所言,潘恩的《常识》"几乎从头到尾都远离人类的健全常识……它仅仅策划打动乌合大众"。①

Soho小报呼吁的"回到常识"显然是要回到潘恩的《常识》,从而,"哲学家今天的角色"就是宣扬潘恩式的"常识"。于是,苏里赋予晓芒的使命便成了"打动乌合大众"。倘若如此,每个头脑健全的中国读书人都值得问:如果启蒙教士用他们伪造的"常识"来取代历史和现实的健全常识,他们究竟是在启明中国人的心智还是在蒙蔽中国人的心智呢?

老实说,学习这篇笔谈,我有太多的费解。尽管如此,晓芒在这篇笔谈中呈现出来的自我形象或"自信"非常清晰。他让我清楚地看到:由于他与著名的"自由思想家"托兰德一样认为,"谦虚、自制、公正及一切美德本身都不如自由更珍贵",他早已用自己的"自由思想"剥夺了"谦虚、自制、公正及一切美德"对他自己的"普遍人性"的管辖权。这让我想起卢梭在《致达朗贝尔的信》中说过的一句深刻的俏皮话:le insensé court se perdre, en pensant devenir un sage。

---

① 参见根茨,《美法革命比较》,刘仲敬译,上海社会科学院出版社,2014,页43注2。

苏里在笔谈刚开始不久就赞扬过晓芒的"文字说理很强",读完笔谈的每一位读者都可以掂量一下这话是否属实,是否正派。

> 邓晓芒:生命就是战斗,今天这样想的人几乎已经没有了,我的论战也是我的哲学思考的一部分,决不是为了斗意气,所以我乐此不疲。
>
> 刘苏里:当然! 不仔细读你的书,还以为你像个斗鸡,实际上,你的文字说理很强,少有意气之争。
>
> 邓晓芒:我想,如果我不战斗,而是像人们通常说的,功成名就了,该放松一下了,那我脑子里就会一片空白,生命就好像失去了意义。那也就谈不上对自己满意了。

苏里的话逻辑上恐怕有点儿问题:斗鸡式的论战难道一定是意气之争? 没有意气之争的论战难道就不会是斗鸡式的? 未必……

不过,这是苏里的逻辑问题。晓芒说,自己如果不战斗"脑子里就会一片空白"——感人呵! 脑子"一片空白"的反面是什么? 也许是战斗时不计功成名就的头脑热血沸腾。晓芒"对自己满意"的尺度是,头脑始终保持战斗时的热血沸腾——感人!

难以理解的是,如果头脑始终保持这种状态,怎么进行哲学思考？中西哲学史书上有过关于哪位哲学家在思考时头脑热血沸腾的记载，即便"战斗"指的是"论战"？——费解！

不费解的是：既然晓芒的"各类文章"无不是在战斗，热血沸腾时要做到言辞暴虐不难，但要做到"逻辑严密，论理扎实"，不容易。

苏里说到"斗鸡"，让我想起小时候看到的一件趣事。"文革"初期，我家邻居中有一个在北京念大学二年级的学生，因学校里造反与保皇两派打斗升级，被父母强令回家，整天在家闲得无聊。

他家养了一群鸡，其中有一只鸡特别好斗，总不让别的鸡与自己共食。有一天，这位大学生在墙边竖起一面镜子，然后在镜子前面放了一把米，让这只忒好斗的鸡去吃。

此鸡刚一吃米，就发现对面也有一只鸡竟然与自己同食，随即一嘴啄向镜中鸡。此鸡以为赶走镜中鸡后又回头吃米，但刚一吃米就看见被赶走的那只鸡又来同食，于是又一嘴啄向镜中鸡……

如此反复多次，此鸡才发现对方屡教不改，于是竖起脖子鼓起腮帮，企图威胁对方离开，未料对方一模一样还以颜色。此鸡随即张开翅膀，左右踱步，进一步威逼，镜中鸡则以哲学同一性的逻辑步态相向。此鸡不再犹豫，以飞扑姿态啄向镜中鸡，镜中鸡以相同姿态在相同瞬息反击……

两鸡终于缠斗起来。由于打斗始终不分高下，缠斗一直持续……那位大学生——我迄今记得他的名字叫**杨克理**——手里拿着本小说《敌后武工队》坐在不远处观看缠斗,乐不可支。

现在我想,此鸡是出于意气之争而缠斗吗?肯定不是,但此鸡为了什么而斗呢?**费解**……

以改革开放的名义
——北大"燕京学堂"事件引发的感想

中国的大学环境不断滋生出一股股奇怪的风气。这些风气并非外国列强的势力强加给我们的,而是出自大学治理精英们以改革开放的名义的创新。

外国没有的东西,我们并非就不能创制;同样,别人已经有的东西,我们并非就**应该模仿**——好东西才应该且值得模仿。可是,晚近二十多年来,我们以改革开放的名义干过不少让人觉得莫名其妙的事情。

比如,我在广东任教时,就在好些地方见到一个模子的**白宫式大厦**,据说它们除了是桑拿会所、商务酒店,更多是县或地级市政府大楼——这样的创新建筑显然只会出自当地领导人的决策。

我的家乡重庆江北有个历史悠久的乡镇名叫"龙溪镇",1940年日本军机连续五十天轰炸重庆时,这个乡镇被炸得一塌糊涂,仍然生机不灭。解放后,这个老镇旁边又添一新镇名为"红旗河沟",表征着一段奋发图强重整家园的历史。

十多年前,那里连成了一片新区,令人欣慰,但让人万万没有想到,这片新区被命名为"加州"。显然,当地领导抱有这样一种心愿:希望咱重庆老乡都自以为住在了美国加州……何等荒唐的"与国际接轨"!

北大"燕京学堂"项目承载的是所谓"中国学",与静园原来承载的文史哲各系形成对照。但"燕园学堂项目"绝非仅仅是一个"项目",显然具有创新"学科"的旨趣:"中国学"涵盖(或交叉)文史哲甚至政经法各社会科学。

学制、学位乃至教学语言的设计,都可以算在"项目"设计范畴,"中国学"这个名称则不然。若非创新"学科",何以会有如此命名?我们的年轻学子能够到国外去获得一个"美国学""俄国学""法国学""德国学""意大利国学""印度国学"……的硕士学位吗?

显然,"燕京学堂"的创新首先在于"中国学"这样的"学科"。这个学堂一旦搞起来,没准美国、俄国、法国、德国、意大利、印度等国也会模仿我们搞这样的创新"学科",在自己国家的王牌大学创设用中文授课的"美国学""俄国学""法国学""意大利国学""印度国学"……

倘若如此,"燕京学堂"的"中国学"将会是具有世界历史意义的创新。我国教育部没有"中国学"这个二级学科名目不是问题,只要这个"学科"有意义,教育部主管精英们就应该增添这个科目。

可是,从"燕京学堂""中国学"的实际课程设计来看,正如已经有业内人士指出的那样,其实就是美式"中国研究"课程的移植。这类国家/地域性研究与所谓美式"文化研究"的兴起有关,而且学科"交叉"到了不知所谓的轻薄境地。何况,即便是移植西方的新式学术方法,我国大学文史哲各专业也从未不曾争先恐后。

可见,"燕京学堂"的"中国学"绝非创新。就算是"中国学"用全英语教学,也谈不上创新。虽然在我们要追赶的西方国家一流大学中并未见过有用外国语专门教外国人本国历史文化这样一种教学建制(西方的大学连教中国文化也必须用英语、法语、德语,遑论教西方文化),但香港的某些大学在建校时就规定用英文授课,甚至包括中国古代文学、哲学、历史等课程。

当然,这是当时港英政府治下的大学统治精英的决策,我们同样不能说,"燕京学堂"是要追赶殖民地的教学建制。无论如何,"燕京学堂"在中国的土地上用全英文教学讲授"中国学"算不上创新。毕竟,解放前的教会大学大多用全英文授课。

至于一年制硕士学制,更谈不上创新,英国早就有不少这类一年制硕士,尽管大多是酒店管理、商业营销、计算机操作之类的专业。我们不能说,"燕京学堂"要把"中国学"变成酒店管理、商业营销、计算机操作之类的实用专业。

在革命战争年代甚至新共和国建国初期,曾时兴过一年制至三年制不等的**各类军政大学**。特殊的学科及其学制设计,为的是培养特殊人才,"燕京学堂"的"中国学"专业兴许也是要培养特殊人才甚至特殊精英。倘若如此,"燕园学堂"的"中国学"虽算不上创新,却显得具有**政治抱负**:让北大的学堂成为培养**政治实干人才**的熔炉。

倘若如此,人们难免会想这样的问题:培养什么品质的特殊精英,为谁培养?"燕园学堂"三分之二的招生指标分配给了外国(尤其西方发达国家)的青年,人们不难设想,美国、俄国、法国、德国、意大利、印度等国正亟需培养今后专门对付中国的政治精英,"燕园学堂"的全英文教学无疑方便了这些**国际政治单位**的战略规划。当年的**斯诺、史沫莱特**一类中国革命的西方代言人,恐怕不是即便用全英文教学的"中国学"能够培养出来的。

"燕园学堂"三分之一的招生指标分配给了我国的青年才俊,不用说,北大"燕园学堂"这个招牌定会让青年才俊心向往之。可是,倘若"中国学"这门"学科"本身品质轻薄,才华横溢的学子也有可能被培养成**不学无术却自以为是而且忒会耍嘴皮子**的特殊人才——我们四川话叫做:嘴尖皮厚腹中空。

这让我想起马基雅维利在五百年前就曾推荐过的**政治计谋**:要征服一个政治共同体,首先需要**败坏其精英阶**

层——先把"贵族"灭掉。

如今有人习惯用左派右派来解释种种令人匪夷所思的行为。其实,很多事情无需上升到如此意识形态高度,人世间的日常事情往往只有做得**明智与否**之分。正如当今的传媒言论,无需看其属于保守派还是自由派,抑或言辞是否能吸引眼球,只需看其是否有**自然德性**。

苏格拉底在临终前问身边的年轻人:

> 凭宙斯,据说这个灵魂既有理智、有德性,又好,而那个灵魂既愚钝、缺德,又坏,这些说法真实吗?(柏拉图《斐多》93b8—93c1)

如今的我们恐怕得回答:既真实又不真实。真实在于,世间的灵魂品质的确仍然有优劣之分;不真实则在于,在启蒙之后的时代,**缺德的灵魂已经绝不愚钝**。

由于有某种矮小,才显出某种高大;同样,由于有某种高大,才显出某种矮小。生活条件得到后现代式的改善之后,即便谁都变得一样聪明善辩,灵魂的**高矮差异**依然不变。

北大"燕京学堂"项目引发部分北大师生的强烈质疑之后,校方在7月9日举办了沟通会。会后有朋友传来"沟通会纪要"并附评议若干,非要我看……我先看了评议。

其一说,北大校方这次表现得"有理""有据""有节",不得不让人支持,某些学生和教授则有失文雅,用起哄、嘘声乃至**不讲道理**的言辞对待态度诚恳的校方,令人不齿。另一评议则指责校方顾左右而言他,摆出虚假的沟通姿态,其实早已决定非行此不可,缺乏**民主诚意**。双方相互攻讦,各执一词。

"沟通会纪要"让我们看到,双方谈不拢的一个节点是:是否应该用静园做学堂甚至学舍。其实,这个问题恐怕不成其为问题。毕竟,如果"燕京学堂"项目正确、明智,别说静园,更珍贵的地方都值得拿出来。北大人有这种敬业精神,不是吗?如果"燕京学堂"项目不正确、不明智,别说静园,就是翻修澡堂子做"燕京学堂"也不干!不是吗?

这件事情成为"风波",很可能是因为"燕京学堂"的**轻薄品质**与静园的六十年**凝重**相较,反差实在太大。

沟通会是校方主政精英与北大"人民"的对话,就形式而言,具有民主政治风度。按我的初浅政治常识,任何政治体如果要具有良好秩序都离不开统治,而任何统治形式都是少数人统治多数人(亚里士多德称为城邦的自然)。即便如今西方的民主政制,也不过由多数人选出极少数人来施行统治。如果少数人统治多数人是亘古未移的政治体形式,良好的生活秩序就端赖于施行统治的少数精英是否具有**卓越的政治德性**(审慎、明智、正义、勇敢的总和)。

如何才能使得少数真正有政治德性的人进入统治位置,历来是棘手问题,古今中外概莫能外。我国古代政制传统凭靠一种制度化的教化方式来解决这一难题,现代西方民主政制则主张凭靠一人一票的选举。现代民主理论出现之初,卢梭心里就打鼓:如果"人民"并非个个懂得何谓政治德性,何以可能选出有德性的人当领导?

卢梭的疑虑让我难免对民主政制的核心价值是否有道理心存困惑,至少好些问题迄今没想明白,难免对任何民主行为都心存疑虑。至少表面看来,"七九"沟通会并无成效,甚至是否应该有这样的沟通都难讲。毕竟,北大的治理精英已经做出了决定,而且,治校的事情的确应该由他们少数人来做决定。

事情还有另一面:任何统治形式都是且只能是少数人治理多数人,是否有良好的治理,则取决于这些少数人是否有政治德性。如果主政的少数人欠缺政治德性,做出了某种错误决定,而且这一决定还可能导致无可挽回的政治后果,该怎么办?

有两个现存的谁都耳熟能详的例子。1919年春天的巴黎和会时,列强欺压中国,当时中国的统治精英谈不上具有政治德性,以至于可能出现国家主权受损的政治后果——于是有了北大学生的上街抗议。

这是民主沟通?我看不是,这是出于无奈的抗议。既然是抗议,就难免有非理性甚至非法行为(烧房子之类)。按照苏格拉底对人世现象的观察,多数人的非法行为大致有两种情形:要么受某种虚假观念蒙蔽,要么因为多数人赖以为生的常识受到侵害——北大学生当年的行为显然属于后一种情形。

再一个例子:"九一八"事变之前,日本在东北的驻军仅两万,东北军则有二十万。且不说日本国在我国驻军是否表明我国主权不完整,仅仅从政治常识出发,中国的统治精英也应该部署十万东北军摆出防御态势看住这两万日本军才对。

结果呢,三千日本兵就让二十万东北军一声不吭埋头离开东北。东北军兵工厂的一百架战机、五千挺机枪、数万条步枪以及存放的大量银元,一夜之间成了日本人的不义之财。翻开历史古今中西地看看,哪里还有过这样的事情?二十万对二万哦!不是古今天下大笑话吗?

然而,如果不是少数统治精英的决策,会有这样的历史笑话?于是,就有了后来的"一二九运动"。这也不是民主沟通,而是无奈的抗议:我们的统治精英实在太不像样,违反常识啊!

"燕京学堂"项目的问题仅仅在于:设想和决策是否正确、明智。任何决策都得由少数人来做,甚至最终由一个人拍板。很多事情其实是常识,日本人驻军东北,不断挑衅,少数人决定甚至最终一个人拍板:抗击!难道我们会要求什么民主程序,决策透明,经费公开?荒谬!

反之,一项不正确、不明智的决策,也断乎不会因为经过民主程序就变成了正确、明智的决策。

如果"燕京学堂"的"中国学"无论从学理、学制、教学语言规定等方面来看都不仅让人匪夷所思,而且明显就像仿白宫大厦或重庆"加州"那样荒唐,令人困惑的问题就来了:何以北大的拍板人想得出这样的"中国学"和学堂?

我绝不怀疑北大的治理精英聪明过人,也绝不怀疑他们弘扬中国文化的良好意愿。问题是,良好意愿也未必不会做出不明智之举。

唯一可能的解释是:聪明人被"鬼"迷了心窍。对于一个具有悠久文明传统的政治共同体来说,最不可思议也最令人悲哀的事情,恐怕莫过于这个共同体中的少数精英已经被"鬼"迷了心窍。

我想起卢梭在《论科学和文艺》中模仿古罗马执政官法布里基乌斯的演说辞激奋地说过的一段话:

> 法布里基乌斯!要是你不幸被招回人世,看到罗马的豪华面目,你那伟大的心灵会作何感想?你曾亲手挽救过罗马,你那可敬的名字要比罗马所征服的一切都更为闻名遐迩。你一定会说:"诸神啊,那些茅屋和乡村的炉火都变成什么啦,那里不是一直居住着节制和德性吗?富丽堂皇取代简朴对罗马是怎样的不祥啊?这外国话是什么东西?这些阴阳怪气的社会风气是些什么东西?这些雕像、大贴画和高楼大厦究竟意指什么呢?荒谬啊,你们都干了些什么哦?你们是万邦之主,怎么让自己蜕变成了你们所打败的那些浅薄之人的奴隶?

统治你们的怎么是些耍嘴皮子的家伙啊?……"

这段十八世纪启蒙时代的文字曾让我生发过一番感叹,不妨抄在下面:

> 的确,如今我们正忙于让中国在世界上"出名"。然而,我们让中国"出名"靠的不是自己祖传的德性,而是靠模仿白宫式大厦、阴阳怪气的自由风尚和大贴画,再加上幼儿园就教英语而非中国话……法布里基乌斯的在天之灵最后说道,当年希腊使节鞠涅阿斯到罗马时所看到的庄严景象,如今"你们的财富和所有文艺永远都做不出来;那可是苍天之下曾经出现过的最美丽的景象":两百个德性高妙的人在统领这个国家和治理这片大地! 我们的巨额外汇储备和"所有文艺"能让一个当今的西方使节在中国看到这幅景象吗? 绝无可能! 因为,我们读书人中的多数人早就不认为古中国有过"苍天之下曾经出现过的最美丽的景象",也早就不相信应该由德性高妙的少数人来统领国家和治理这片大地。

如今,我们还有可能指望北大的财富和设计天才们让北大成为中国人文教育传统"曾经出现过的最美丽的景象"的*守护者*吗?

历史中的隐情

为了致贺《读书》创刊四十周年，杂志社编辑卫纯纠缠我差不多整整一年，非要我写篇文章说说自己与《读书》的交谊。

前不久给《读书》两篇文章都被拒掉，心情不好——这可是从来没过的事情！我对卫纯说："瞧见了吧，有人说刘小枫与《读书》熟得很，随便发文章，哪是这么回事啊！"

卫纯不好意思地笑笑，似乎知道什么隐情但又不便说。

每个杂志社恐怕都难免有一堆隐情，何况富有文史个性的杂志，更不用说还有与"改革开放"随行的四十年经历。

与《读书》的一段隐情

1996年春节，我花三天时间一气呵成揣在心里多年的

《记恋冬妮娅》。文章寄出不到一周,《读书》主编沈昌文先生就发来传真:"我已正式退休,刚编完最后一期送厂。文章甚好,但只能移交继任主编,十分遗憾。"

仅过了一天,老沈又发来传真:"我今早亲自跑印厂撤下一篇文章,换上了您的文章,特告。"我喜出望外之余也不免纳闷:刊发这篇文章多少得担点儿风险,把风险移交给继任主编算是上策,老沈为何突然改变主意?

想来想去总觉得其中必有隐情!情形很可能是:老沈收到文章时,正在办公室收拾离职事宜,没闲工夫审读,匆匆给我回了个"十分遗憾"的传真。

晚上夜深人静,离职事宜也已收拾停当,老沈才拿出拙文细读。凭老练的职业直觉,老沈预感到这篇文章会惹争议,于是第二天一大早下达了替换文章的指令。所谓"我今早亲自跑印厂撤下一篇文章"云云,明显是自我表彰的夸张。对主编来说,替换文章不过是一句话。我长期出没在出版第一线,知道当主编是怎么回事。

按老沈的主编思维方式,越是可能惹争议的文章,他越不会放过。这样的好事怎能让继任主编沾光?

《记恋冬妮娅》刊出后并未给老沈带来任何麻烦,倒是给我招来不少訾议。毕竟,文章透露了自己人生经历中的一段隐情,未料引发了不少人心中各自不同的历史隐情。

两个月后我收到样刊,发现结尾处有一句话被删改了。

> 我读《钢铁是怎样炼成的》伴随着自己的"文化大革命"经历和对这场大事的私人了解——我的经历和了解当然是片面的,世上一定有过另一种不同的革命,可惜我没有经历过。

所谓"私人了解"以及"我的经历和了解当然是片面的"云云,不是我写的,而是出自主编手笔。我不禁击节赞叹:改得真好!

后来我见到老沈时当面夸他,他却说不是他改的。

五年后的2001年春天,我到北京出差,董秀玉先生请我吃饭,我的干妈许医农也在场,她是"改革开放"时代的"名编",三联书店特约编审,出版界的劳动模范。1985年初,老沈和老董分别出任三联书店正、副总编辑不久,我就在汤一介、乐黛云先生家里撞见过两位。当时我还不到三十岁,刚硕士毕业,去乐教授家里领受组建深圳大学比较文学研究所的任务。老沈和老董没有因为我背着个书包一脸稚气就摆架子,对我非常客气,脸上充溢着殷切期待的笑容,完全不像如今的总编对年轻人的派头。

我在饭桌上谈起五年前《记恋冬妮娅》的出笼始末,称赞那句"我的经历和了解当然是片面的"加得好,而老沈说不是他加的——老董笑眯眯地对我说:"那句话是我加的。"

我对老董的钦佩顿时猛增三分。据我与老董在1990年代的交往,她有这样的文字敏感,一点儿不让我感到意外。

毕竟,要说历史中的隐情,她见多了。

我的干妈许医农坐在一旁一直没说话,这时突然放下筷子板着脸插进来说:"你变了!已经不是当年写《记恋冬妮娅》的你!"说完蔑了我一眼,把脸转到一边。我赶紧转移话题,夸干妈前两天给我做的肉末辣酱可口得很,老董在一旁乐不可支地欣赏我的狼狈相。

老辈子训话即便有偏颇,也得听着。干妈的这句话让我记在心里十多年,一直难以释怀:我真的变了?

直到有一天我看了电视剧《风车》(又名《我和我的小姨》),心里才感到释然。我想起孔夫子的那句勉励我的话:"人不知而不愠,不亦君子乎。"

我读到这句智慧之言的时候,恰好是《记恋冬妮娅》记叙的那个年代。

韬奋中心咖啡厅的论辩

2016年6月,北京的气候已经出人意料地闷热。三联书店副总编辑舒炜打电话给我,说要在韬奋中心咖啡厅搞个北京高校研究生小型论坛,聊聊五年前(2011)热播的电视剧《风车》。

舒炜是国产影视迷,品评鞭辟入里,明星如数家珍。我平时不看电视剧,仅在舒炜指引下才看,尽管失望的情形时有发生。他对我说:"这部戏一定得看,它反映了人身上自然的恶,这在国产作品中极为罕见。"

"人身上自然的恶"这个说法颇有政治哲学味道,影视界人士说不出来,舒炜懂得如何忽悠我。这次他没让我失望,《风车》勾起了我的"冬妮娅情结",让我看得全情投入:何爽是不是有点儿像中国版的冬妮娅?

舒炜的说法未必准确。任何时代都有自然的恶,自由民主的今天就没有了吗?《风车》值得看,并非因为它展现了自然的恶在"文革"时代的独特样式。毋宁说,《风车》让我看到,在那段史无前例的历史中,自然的良善在某些性情的人身上尽管相当脆弱,但也令人难忘地坚韧,让我感动。自然的恶让人可以理解,绝不会让人感动。

由于有过这番私下闲聊,舒炜忽悠我出席韬奋中心的《风车》论坛。因为害怕公共论坛,我婉言回绝。舒炜说:"您还是来吧,坐在咖啡厅的某个角落,听听今天的年轻人说些什么,不也挺有意思?"

这个主意不错,我答应了。

我按舒炜指引的后门进咖啡厅时,他正与八九个年轻人一起聊得起劲。我避开他们,找了个不起眼的角落位坐下。没过一会儿,我看见老朋友小万走了进来,自从上次听他聊过《暗算》,就再也没见过他,可能他也认为我变了。

小万喜欢公共论辩,从来不会落下这种场合。据他说,公共论辩促进理性文化的进步。人人都有理性,磨砺出来就行。我暗喜自己能在角落里看见小万,而他不会注意到我,免得他发言时有顾虑。

舒炜见小万进来,起身打招呼,然后一一介绍参加论坛的研究生:北大的谁谁谁,清华的谁谁谁,北师大的谁谁谁,政法大学的谁谁谁——我记不住这些年轻人的名字。

舒炜介绍小万说,他是传媒专栏资深作家,1990年代末的博士,专攻中国古代史,如今的研究生水平没法比,云云。说过一番开场白并预祝论坛成功之类的场面话后,舒炜就离开了——他忙得很……

权利抑或德性品质

人大来的古典生率先发言,出言不凡,有条有理,我听得心头喜悦。他说:"我认为,这部剧作的戏剧性推动力在'隐情'二字。所谓隐情的'情'有两个含义,一指'事情',也就是所谓的事件,二指'情感'。人世中发生的许多事情是人的情感牵扯出来的,反过来说,许多情感又来自发生的事情或事件。

"有些事情很大,而且复杂,这类事情通常叫做历史事件,与此相关的情感会因此而格外凝重复杂,往往暗含不少隐情,《风车》记叙的就是这样的历史事件。

"就场面而言,这是一部小剧作。故事发生在北京的一个小四合院,里面有三户半人家。就故事本身而言,这是一部有中国特色的当代历史剧:从1966年写到大约1980年代中期,差不多整整二十年。我们这代人没有经历过那段历史,这个故事让我对那段历史中的种种隐情多少有了一些认识。

"因此,我觉得《风车》类似于古希腊的雅典戏剧,即演给城邦公民看的出自城邦公民自己的故事。剧作家把三一律这套戏剧法则发挥得淋漓尽致,时间地点人物的巧合不仅贯穿整部剧作,而且被用来编织其中的每一场戏中戏。三一律虽然是近代古典主义戏剧家提出来的,实际上已经见于古希腊悲剧,比如索福克勒斯写的关于俄狄浦斯王的戏。

"当然,不能说《风车》是中国式的《俄狄浦斯王》,也不能说是中国式的《安提戈涅》。雅典悲剧的题材大多依据古老传说改编,雅典人都知道结局。《风车》讲述的不是传说,而是我们上一代人亲身经历过的事情,观众并不知道隐情最终会引出怎样的结局,戏剧的内在推动力更为饱满。

"我说这部剧作是中国式的雅典悲剧,仅仅因为它涉及人世中的'罪过'问题:舒义海的罪孽是整个剧情的源头。尽管如此,《俄狄浦斯王》中的罪过属于所谓'悲剧性过错',这是品第极高的自然天性才会遇到的问题。相反,舒义海的罪孽出自极为低劣的自然天性,并非'悲剧性过错'。当然,两种'罪过'在性质上虽然截然不同,却极有可能在历史的偶然中发生某种关联,以至于今天的我们要辨识历史中的'罪过'问题极为困难。

"舒义海是个鳏夫,有一儿一女,他看上了同住一个四合院的女理发员何爽。遭到拒绝后,他转而向'革委会'揭发何爽与有妇之夫有染,'革委会'出面干预,意外导致何爽自杀。把这个戏放在历史事件中来看,我想到的问题是,今天的我们应该如何看待那段历史中的隐情,这涉及我们的上辈人对自己的自我认识。"

古典生发言的时候,我看见小万的脸色在慢慢变化,似乎越听越不以为然。古典生的话音刚落,他就暗含讥讽地说:"你们刘教授教得不错嘛,古典班的学生就这副样子,凡事都扯上雅典什么的,与毛主席讽刺过的那类'言必称希腊'的教条分子差不多。据我看,如今搞古典学的人大致有两类,一类钻故纸堆,并不掺和现实政治,另一类喜欢借古典说今天的事儿,含沙射影。这哪里是做学问,是在搞政治嘛。《风车》与古希腊有什么关系啊,在我看,这部剧作有个根本缺点,这就是无视那个时代完全缺乏个人权利和个人自由。"

"未必吧,万老师。"一位北大生说,"美国有个著名的女古典学家叫纳斯鲍姆,研究雅典戏剧很有名。她的书经常掺和现实政治,还动用古典学功夫为同性恋辩护,在美国惹过官司。去年,英国剑桥大学的罗马史专家比尔德(Mary Beard)出版了一部《古罗马史》,英美主流报刊评价说,这部书代表了当今'革命性的全新古代史写法','向我们揭示,古罗马人与许多个世纪后与权力、公民权、帝国和身份这些问题斗争的人息息相关。'我赶紧在网上下单,买来看了才知道,原来作者是个'自豪的女权主义者'。她认为,古典学家的职责是重述历史,以便'让我们直抵古代街道上的男男女女生活中的具体问题和焦虑的核心'。她的古罗马史不会在乎古传罗马史上的那些伟大人物和他们身上的德性,因为她仅关心各色常人的权利,在她看来,'伟人未必伟大'。万老师,您能说她不是在用古典学为如今的自由主义意识形态服务?"

发言的这位北大生是个女生,嗓音清脆悦耳,听起来有义正辞严的韵味儿。小万一声不吭,脸色有些难看。北大的学生见名人见多了,谁都不怕。

我听见她继续说:"《风车》的题材不是古史传说,而是当代人的历史故事,这的确像古希腊的雅典戏剧。但我不同意人大同学的说法,因为《风车》更接近欧里庇得斯而非索福克勒斯的剧作,它展现了'文革'时期北京小巷中普通男女的具体焦虑,尤其是普通男女的伦理品质差异。个人权利和个人自由在那个时代固然得不到保障,但有德性的个人伦理品质得到保障了吗? 我们不能说,权利和自由等于有德性的伦理品质。"

含混的 1966

"说得好!"一位男生拍了两下巴掌,看似喝彩,其实是示意在座各位他要发言。

他先自我介绍:"我来自政法大学,法理学专业,刚上博士二年级。"他停了一会儿,看似不经意地徐徐环视在座,仿佛要各位掂量一下他的专业分量。然后他继续说:"女权主义者重写古罗马史,就是要为普通人的个人权利和自由寻找**历史位置**,没有什么不对。我同意万老师的看法,在'革委会'年代,普通人没有个人权利和自由,但我不同意万老师说《风车》不关心这样的问题。

"人大的同学说,《风车》是一部中国式的当代历史剧,有道理。女理发员**何爽**与小提琴手**康胜利**的恋情是人之常情,如今根本不算回事儿,但在那个年代,却会因有人告密被'革委会'捉拿。如果要说这部剧作的戏剧推动力在于某个隐情,那么,在我看来,这历史的隐情就是,个人权利和自由在那个年代得不到保障,由此才引出一连串错综复杂的情感**纠葛**。

"今天就不会发生类似的故事。我注意到,这部剧作的故事时间集中在两个时段,首先是1966到1967年,情节的高潮是何爽因康胜利不敢在'革委会'人员面前**坦承真情**而自杀。然后是1975到1976年,情节主线是何爽的外甥**梁尘**锲而不舍地**追查谁是告密者**,以告慰何爽的亡灵。我认为,这是一个隐喻:追查告密者就是追查这段特殊历史的隐情。"

"未必!"北大女生不客气地打断政法男生,声色有些凌厉,"我的专业是比较文学,这个专业如今也围着'个人权利'和'自由'打转。但我要说,无论什么专业,要是仅仅关心'个人权利'和'自由',就会让这门学科专业变得很奇怪,也会让我们的脑子变得非常简单。何爽爱上康胜利,不是因为**这个男人崇尚**'个人权利'和'自由',而是因为他热爱音乐。要是有个女生追求你,你问她喜欢什么,她说自己喜欢'个人权利'和'自由',是个'自豪的女权主义者',我想你未必会爱上她,除非她正派、漂亮、情性爽朗、善解人意,或者有其他能让你喜欢上她的伦理品质。

"你会说:没错啊,何爽爱上康胜利是因为他热爱音乐,问题在于,她的这种爱的权利和自由在那个年代没有得到保障。我要说,事情真的那么简单吗?剧作家让我们看到,何爽还是少女时曾跟康胜利学过小提琴,那时可能就喜欢上了自己的小提琴老师。不知什么原因,两人后来失去了联系。在那个年代,这样的情形太普遍,因为国家还处于被外敌围困的状态,人民的生活没法完全由自己做主。

"何爽再次遇到康胜利时,他已经结婚,但夫妻关系明显处于冷战状态。康胜利答应何爽,他会离婚然后娶她。没想到,康胜利的老婆找单位出面限制了他的'个人权利'和'自由'。如今我们会以为,这是那个特殊年代才有的事情,其实未必。即便没有单位,也有可以行使类似权力的父母。随后,康胜利的老婆得了不治之症,他告诉何爽,恐怕无需等待太久,没想到他老婆又神奇地活过来了。我觉得,在剧作家笔下,这个细节有些喜剧味道。

"但与随后的情节连起来看,情形就不同了。舒义海向'革委会'告密康胜利与何爽幽会后,'革委会'人员设伏捉拿两人的那天晚上,康胜利本来是要去告诉何爽,他妻子从不治之症中活过来了,他与何爽的关系不得不到此为止,否则单位不再让他担任第一小提琴手。康胜利对自己热爱的音乐看得比什么都重,起码比何爽看重的爱情更重。

"康胜利在'革委会'人员面前否认自己曾经答应娶何爽,导致何爽当即用头撞击院里的老槐树而死。我们若把这事怪罪到单位头上,看问题恐怕就过于简单了。差不多二十年后,梁尘当着康胜利的面说他很'懦弱',爱何爽爱得没勇气。的确,这位小提琴手天性懦弱。一个人热爱音乐之类美好的东西,不等于他自己有美好的性情。正如好些教授热爱学术,不等于他的性情也有学养。

"何爽的性情如她的名字一样爽直,我说的是'爽直',即不仅清爽而且为人正直,即两种伦理德性的混合。但她有理智德性上的欠缺,她误以为一个人热爱音乐等于这个人有好的伦理品质。所以啊我觉得,何爽用头撞击老槐树而死是为了自己:我怎么会爱上这种人!

"因此我认为,剧作家不是关心个人的权利和自由,而是关心个人的伦理品质。这就有意思了,因为,故事发生在'文革'时期。我感兴趣的是,剧作家在回看这段历史时,他关注什么。他毕竟是过来人,亲身经历过那个年代。我觉得他让我们看到两点:第一,某个事件的发生有极为复杂的原因,很难用一个原因来解释;第二,人的性情品质在特殊时势中的经历。何爽老爹去世前告诫何爽,她的'性子'得改改,否则早晚吃大亏。我们能够说,何爽的性情在今天不会吃亏?"

"但这部剧作最初的戏剧推动力不仅是舒义海的告

密",政法大学的那位男生不服气地打断北大女生说,"还有半斤假羊肉票事件,以及小梁尘喜欢戏剧,而他父亲是转业军人,对儿子施行'专制'式管教。这些都是那个时代的记号:物质生活极度匮乏,个人爱好受到严格管控……"

"没错,但我们若仅仅关注这些时代记号,未必能够更好地认识那个年代的底色",北大女生也不客气地打断政法男生的话,她接着说,"舒义海是整部剧作的关键人物,他的名字与他的个人伦理品质形成鲜明对比。他最缺乏'义',整部剧作中唯有这个人物是十足的小人。这样的人在'革委会'年代的表现,很难说是特殊年代造就出的特殊的恶。毋宁说,在不同的时代,自然的恶会有不同的表达方式。在自由民主的今天,舒义海这种小人就没有了吗?我们至多可以说,在特殊的政治状态中,自然的劣性更容易找到表达机会。

"剧作家没有去再现1966年至1967年的标志性时代记号,比如'打砸抢'、'抄家'、'游街批斗'或有人因被迫害而跳楼,等等等等。何爽直爽地自杀,涵括了让那个时代的过来人刻骨铭心的无奇不有的荒谬和恶劣。毕竟,何爽死在'文革'武斗最激烈的1967年。剧作家没有去再现那些标志性的时代记号,不等于无视那个年代的荒谬和恶劣的政治现象,毋宁说,他更关心那个让人费解的年代给人们的伦理性情造成的影响。

"这部剧作有38集,第一个时段在第十一集就结束了。随后27集的故事从八年之后开始,也就是1975至1976这个时段。剧作家让我们看到,梁尘已经长大成人,为了实现自己在小姨坟前的承诺,他锲而不舍地追查谁是告密者。许多人可能会觉得,剧作的真正主题是追究'文革'之罪。我觉得未必如此。对大多数上一辈人来说,'文革'这一历史心结恐怕再怎么也无法化解。但剧作家接下来让我们看到,梁尘自己遭遇的爱情经历更为错综复杂,而这与追查谁是告密者既有关又无关。"

难忘的1978

"有道理,"北师大的同学说,"但我觉得北大同学的说法有些过度解释。我们出生在1990年之后,没谁经历过那个年代,不会有什么'文革情结'。有一次,学校大礼堂放一部电影,其中有一段红卫兵在广场跳'忠字舞'的热闹场面,仅仅十来秒钟,看电影的同学非常兴奋,好像为自己错过了那个激动人心的年代而深感遗憾。

"过来人如何记叙自己的经历,讲述怎样的故事,对我们这代人乃至再下一代肯定有影响。我的专业是教育学,博士论文题目是当代文艺作品中的'文革叙述'。两年前热映的《归来》,很多过来人看得两眼泪汪汪,我们年轻人有的也掉泪。但如果这就是过来人希望我们留下的历史记忆,那么,编导通过历史记叙要熏陶我们养成什么样的伦理品质呢?

"与《风车》相比,《归来》的伦理品质太过单薄。那个年代在今天看来明显荒谬,但《风车》让我们看到,在那样的年代也有好些动人故事,有些人的伦理品质好得让人甚至会觉得今不如昔。《风车》有好些小故事或辅助情节,每个故事都复杂,这尤其让我印象深刻。《风车》的剧作家是否刻意要告诉我们:过去的历史很复杂,隐情很多。

"比如说,在1967年的动乱时期,何爽收留了被遣散的净土庵尼姑慧兰,随后有了同样是鳏夫的板车夫马福顺与慧兰的爱情故事。这个故事的品质太干净了,干净得让人感动,而剧作家又恰恰让这个故事与隐瞒告密者纠缠在一起,以至于干净与不干净交织在一起。

"慧兰曾偶然得知告密真相,但长期揣在心底,谁都没说。到了1975年,即'文革'走向尾声之际,慧兰终于把真相告诉老马,希望他揭发,老马却认为多一事不如少一事。剧作家让我们看到,老马心地非常善良,与舒义海判然有别,但他的天性同样缺乏正义德性。他并非没有血性,但他缺乏辨识能力,该有血性的时候却表现懦弱。

"从慧兰的故事中,我仿佛看到了剧作家对佛教信理的质疑。可是,1978年以后,新生活开始了,梁尘为第二次婚姻登记提供证明时,给出了一个游戏性的佛理说辞,似乎佛理用作生活的外观,还是很有必要。

"人民警察单志衡的故事与板车夫马福顺和尼姑慧兰的故事属于同一类型,但恰好形成对比。与佛教徒坚持生活在干净境地不同,人民的警察不得不与各种不干不净的事情和人性打交道。所以,剧作家赋予这个人民警察与他的身份相符的名字：单单志在平衡各种自然人性的伦理差异。剧作家让我们看到，在执法与隐情的纠葛之间，单志衡稳重而又正直，而他身上最让人感动的伦理品格是隐忍。

"剧作家把梁尘与单志衡的冲突安排在1975年至1976年之交，我觉得意味深长。单志衡是梁尘父亲的老战友和老部下，而他秉公执法要抓捕的老上级的儿子，其实是个义人。而这个义人呢，由于他把八年前的何爽自杀怪罪于专政机关，却没想到自己英勇地与之作对的人民警察单志衡同样是个义人。换言之，对双方来讲，这场冲突源于一场误会。显然，这种特殊的误会是由特殊的历史情境造成的。我为了写博士论文曾读过一本书，名叫《现代性与现代中国》，作者就是写《记恋冬妮娅》的那个，其中对'文革'的社会理论分析让我印象深刻，大意是说，'文革'对国家的最大伤害是导致共同体成员莫名其妙地相互伤害。单志衡到老战友家抓捕老战友的儿子梁尘，逼得老战友对曾经生死与共的老战友下逐客令。

"单志衡在1976年的大地震中为救护囚犯的生命而死，他牺牲之后，梁尘开始写剧本《警魂》缅怀单志衡，但剧作家这时又让我们面对《警魂》与新趣味电视剧《豪门恩仇记》的对比。历史时间显然已经进入'改革开放'的轨道。直到今天，《豪门恩仇记》这类影视作品才会有票房，谁要是写'文革'时期的《警魂》，恐怕会遭人叱骂。

"'十年动乱'即将结束之际，舒义海再次犯罪，而这次犯罪与'文革'没任何关系，却成为剧作中1976年以后的故事的主要情节推动力。一方面,梁尘非要查出何爽事件的告密者,另一方面,他又对舒义海的儿子、自己的发小舒兆远隐瞒其父的罪行,以便保护他的灵魂不受伤害。

"同样是隐瞒,梁尘的隐瞒与马福顺的隐瞒在形式上类似,却有伦理性质上的差异。单志衡的女儿单红与舒义海的儿子舒兆远的夫妻关系,从形式上看类似于马福顺与慧兰的关系,即危难处境中因相助而生情,但两者同样有伦理品质上的差异。甚至可以说,梁尘错过与单红的爱情,与何爽错过与康胜利的爱情,从形式上看也类似,但就伦理品质而言,同样不是一回事儿。因此我感觉到,这部剧作让我对看似相同而实质不同的事情有了一点儿辨识能力,而我们恰恰缺乏这种能力。比如,我们没有能力辨识《归来》的伦理品质是高还是低。

"1976年以后的故事主线是梁尘与两个女人即单红和舒兆欣的爱情关系,而这两个女人的父亲恰好都与何爽事件有瓜葛:舞蹈演员单红的父亲是梁尘曾误以为的历史罪人单志衡,而爱上梁尘的舒兆欣的父亲,则是梁尘最恶心的小人。换言之,与梁尘产生爱情纠葛的两个女人,她们的父亲都是梁尘看不起、也无法接受的人。梁尘面临的选择极为艰难,似乎完全是因为1967年发生的事件。可是,没有八年前的事件,梁尘面临的选择就不艰难了吗?

"梁尘这个角色的名字很奇怪,谁会给自己的儿子取这样的名字?尘土虽然质朴,但也总是与脏东西搅在一起。后来,单红的父亲单志衡成了梁尘心中最亲近的人,他若与单红结合,八成是一桩美满婚姻。人世中的偶然不仅不会顺遂人意,反倒偏偏给人出难题。由于偶然的际遇,梁尘接受了舒兆欣的爱情,却始终无法接受舒义海这样的人成为自己的亲人,他的天性让他没法放弃自己的伦理底线。梁尘设计的婚礼巧妙地取消了拜堂礼仪,否则他不得不向自己打心眼里恶心的小人拜堂。梁尘从没叫舒义海'爸爸',而是叫'兆欣她爸'。

"梁尘与舒兆欣成婚那场戏写得精彩,算是后半部分的高潮,与前半部分的戏剧高潮即何爽自杀那场戏形成对衬:两个男人即康胜利与梁尘的性情德性形成鲜明对比。梁尘成功化解单红的执着,说服的理由非常质朴,而且触及到单红自己感同身受的经历:在生活的艰难中陪伴艰难的人。单红曾在心里发誓,她永远不会与舒兆远一起生活,最终还是接受了她并不爱的这个男人。

"最后,剧作家不仅让梁尘也让我们观众面临关键抉择:挽救难产的舒兆欣还是接受舒义海。因为,这时梁尘已经知道,舒义海就是何爽事件的告密者。舒义海要跳楼,以换取梁尘接纳自己的女儿。为了舒兆欣和他们的孩子,梁尘终于叫了舒义海一声'爸爸'。这真的不容易,毕竟,舒义海害死过他的小姨,而为了查出这个告密者,他自己又经历过多少创伤!

"剧作家设计这个情节来让整个故事结尾,颇具匠心。

梁尘说舒兆欣是"水",什么都包容,当然也包容脏东西,这与他自己的名字有相同的语义。舒兆欣心地善良,与马福顺的善良不相上下,但也有类似的德性欠缺。一种德性需要与其他德性结合才站立得稳。舒兆欣找马福顺求情,希望与她的父亲和解,就是不理解善良与正义的关系,否则她不应该这么做。

"总之,这部剧作让我看到的更多是人性的伦理品质差异引出的纠葛,以及由此导致的艰难的伦理抉择。因此我要说,人性的伦理品质差异恐怕才是亘古不变的历史隐情。"

历史中经得住磨砺的个人德性

"我看这部剧作,想到的事情与各位不同,"清华来的女生说,"我学理科,专业是 high energy physics[高能物理],业余爱好研究新中国军事科技史。我看过'两弹一星'的文献纪录片,我们的前辈为国家摆脱外敌欺凌而艰苦奋斗的精神让我深受感动,但有些事情也让我感到困惑。

"比如说钱三强(1913—1992)吧,作为核弹研发的主要负责人之一,1962年夏天,他突然从自己的领导岗位上消失。纪录片没提到具体原因,但看得出来,他遇到了政治麻烦。因为,他的妻子何泽慧(1914—2011)有'中国的居里夫人'之称,这时正在兰州主持提炼浓缩铀的工程,领导告诉她要正确对待。我在想,何泽慧在完成这项艰巨的科研任务时,需要凭靠怎样的坚韧!

"原弹试爆前三天,虽然钱三强是二机部副部长,他才偶然得知即将试爆的消息。试爆成功后的第三天,钱三强便按组织安排前往河南信阳农村参加'社教运动'。看得出来,钱三强没有参与原弹制作的最后阶段。国家的顶尖科学家被派去搞'四清',让我百思不得其解,其中必有隐情。

"我查看了一些相关史料,关于钱三强离开二机部领导岗位的原因,说法不一。一种说法是,1962年初春,陈毅元帅在广州会议上为'反右扩大化'伤及知识分子道歉后,钱三强在单位说了一些出格的话,犯了政治错误。有的史料则说,在二机部领导层中,钱三强是唯一的知识分子,而且个性爽直,不善于与工农干部相处。有人甚至猜测,钱三强年龄不大却官至副部级,'年少得志'遭人嫉恨云云。

"人际纠葛甚至摩擦,哪里都有,革命队伍也不例外。但这就是历史的隐情?很难说。在革命战争年代,谁能打仗谁就会被提拔到指挥位置,官至高位的年轻人不胜枚举。当然,1960年代,新中国政体逐渐实现官僚化,干部定级分等,论资排辈变得重要起来。可是,钱学森(1911—2009)回国后,为了工作方便要给他一个军衔,周总理请示毛主席给多高,并说钱学森在美国军工单位是上校军衔,毛主席说给少将。军中人士要评上这个级别,在长征时期至少已经当上连长。钱三强若有军衔,恐怕也是少将。要说钱三强仅凭科技知识任高职让一些有革命资历的干部不服,这种推测未必站得住脚。毕竟,二机部属于**准军事单位**,领导与服从的关系没有什么二话可说。

"后来我又看到一种说法,不禁大吃一惊。据说,1960年代初以后,中苏关系日趋紧张,敌情观念越来越强。钱三强曾因工作需要多次出访苏联,与苏联军工科技界人士有深交。二机部是制作原弹的绝密单位,会采取超高标准的保密和保卫措施。当时,原弹制作已进入最后阶段,作为理论物理学家,钱三强的工作已经完成。所谓干部关系不睦,不过是让钱三强远离核武研制单位的借口。难怪聂荣臻元帅到二机部了解情况后说了一句带自我叹息的话:'你们连钱三强都不信,还能相信谁。'

"如果这就是钱三强离开二机部领导岗位的历史隐情,你们学文科的恐怕很难理解,我们学军工的则不难理解。问题是,离开军工部门可以回到科研单位,为何非要让中国顶尖级物理学家去乡下搞'社教运动'?1965年,何泽慧也离开军工单位,去河南安阳参加'社教'。钱三强、何泽慧夫妇是中国核弹功臣,'文革'开始后竟然也双双成了'反动学术权威'受到审查,尤其让我百思不得其解。这样的功勋人物,向来熟悉前线将士的伟大领袖不会不认识。

"第一次导弹与核弹结合试验时,国家秩序为了'大治'而开始走向'大乱'。聂荣臻元帅飞往酒泉前线之前,曾向毛主席汇报工作。毛主席对他说了一段著名的话:'你是常胜将军,打过不少胜仗,这次要准备打败仗;搞实验就会有失败,要准备失败。'当时毛主席已经开始自己的史无前例的政治实验,这番话未必不可理解为也是对他自己说的。

"我学习新中国军事科技史的体会是,要搞清历史中的隐情难乎其难。眼下这个场合说这些,大家会觉得不搭调。毕竟,《风车》讲的是普通众生的故事,而非那些特殊人物的际遇。但我想说,即便杂众也有个人德性品质的差异,有善恶、对错、高低、优劣之分。与其一门心思挖掘历史中的隐情,不如关注历史中经受住磨砺的优异个体品质,这才是值得今天的我们看重的东西。毕竟,1966年到1976年的这一页已经翻过去了,我们的记忆中留下的应该是前辈们的优异德性,哪怕是普通男女身上的优异。"

这一页翻得过去吗?

"对大多数人来说,这页早就翻过去了,净土庵四周的院子不都拆了吗?"小万用冷冷的声调说,"如今高楼林立,小轿车成堆,咱北京人还可以擅用路边的公交车站摆放私家车。日常生活中有了多得多的个人自由,个人权利也已经成为主旋律。这些都是可喜的进步,但历史的这一页在我心里没法翻过去。我们不应该忘记吃豆干也得凭票购买,不应该忘记聊天也担心有人会告密,不应该忘记说句俏皮话也可能成政治罪……"

"翻不过去就撕掉。"咖啡厅的一个角落里突然有人站起来,用慢悠悠的声音说。我转头一看,是个面目清爽的老太太,六十开外,神色健硕,眉宇间还透显出一丝英气。当大家都愣在那里时,她说:"在座各位都是'90 后',只有万先生可能是'60 后',而我是 1940 年代中期出生的,1966 年的时候,我跟诸位的年纪差不多……"

一张床上不能睡两类人?

老太太往前挪了两步,走出角落的阴影,然后说:"我常来这里读书,没想到今天会碰上这么有意思的讨论。诸位的发言让我有感慨也有启发,忍不住想说两句。如果可以的话,我也谈谈自己的看法。"

大家热烈鼓掌,老太太严肃的表情露出了笑容,笑得像《风车》中的何爽。她爽快地说:"首先我觉得,万先生的话提醒我们,这部剧作包含的历史时间不是两段,而是三段。除了 1966 年和 1976 年的印记,还有 1978 年以后的印记,迄今已经快到四十年。只不过后两个历史时间的印记粘在一起不容易区分,但应该区分。

"到第二十七集的时候,剧作家让我们看到板车夫老马的儿子马晓强从广州回来,除了带回一堆喇叭裤和太阳镜打算在北京倒卖,还带回了盒式录音机。从此小院里天天飘荡着邓丽君的歌声,'何日君再来'让人们有了甜蜜的憧憬。到临近结尾的第三十六集时,剧作家又让我们看到马晓强带回一个打扮入时的港商,梁尘觉得那酸溜溜的声音有些耳熟,定神一看,原来这港商是康胜利的儿子康凌云假扮的。

梁尘与康凌云不仅曾是狱友,还曾是敌人。这两个人的名字也挺有意思,连在一起就是尘土凌云。在 1980 年代,人人经商或模仿商人,'文革'中的敌人都转化成了商界朋友,这是新时代的标志。

"很明显,1978 年以后的剧情占全剧大约三分之一篇幅。剧作家让我们看到,在这个历史时段,人们虽然有了越来越多的个人自由和权利,剧中人仍然活得很艰难,尤其是梁尘和单红。因为,他们有对纯美的东西的追求,这体现为他们有共通的热爱艺术的热情。可以说,谁要追求纯美的东西,谁在实际生活中就会活得艰难。

"剧作后半部分的戏,主角不是梁尘一人,我们不可忘记单红。剧作家让他们相互面临艰难的伦理抉择:梁尘面临选择单红还是舒兆欣,单红面临选择梁尘还是舒兆远。梁尘和单红的爱情未能圆满,与'文革'既相干又不相干。类似的抉择固然是人世的本相,毕竟还有偶然的历史际遇。

"相比之下,单红比梁尘活得更为艰难,这不仅是因为生活中的偶然际遇让她怀上并生下过两个男人的孩子。毋宁说,梁尘与单红所面临的抉择有伦理性质上的差异。舒兆欣不仅天性善良,而且多少有正派的天性,梁尘要接受她,除了不得不放弃艺术气质,就是不得不接受害死他小姨的告密者为自己的亲人。单红不得不接受的舒兆远谈不上天性正派,他伪造梁尘给单红的信件,就不是一个正派男人做得出来的事情。

"就性情的伦理品质而言,单红与舒兆远完全是两类人,但她不得不选择与他睡在一张床上。单红最终没有与舒兆远离婚,与其说她在舒兆远身上看到了所谓真正的爱情,不如说她看到了过日子的踏实。

"什么叫过日子的踏实?单红放弃与舒兆远分离之后对大嘴女人说的那番话表明,她已经无望地丢弃了杜拉克草,似乎那是障眼的东西,使她看不到生活中的真实土壤:这就是有个男人实实在在地在爱着她以及她与梁尘的孩子。

"可是,梁尘也实实在在地爱着单红和孩子,为什么单红最终决定放弃梁尘?她回避了真实的矛盾?我觉得,单红放弃梁尘的真实原因是,她在舒兆欣身上看到了尘土般的良善,她认识到不应该用自己的杜拉克草去伤害这种善良。而且,单红领悟到这一点,恰好来自梁尘的启发。因为,梁尘率先放弃了杜拉克草。

"梁尘与舒兆欣同样是睡在一张床上的两类人。与伦理品质不同类的人生活在一起,是永恒的自然状态,多数人对此没有自我意识,这是一种福气。"

杜拉克草与认识自己

说着说着,老太太已经缓步走到同学们中间坐下来。她用殷切的目光看着这些年轻的孩子们继续说:"这部剧作的主题很多,基本主题是梁尘的自我认识。1967 年,梁尘在何爽坟前立下誓言:没查出告密者,这辈子决不罢休。最后的结局呢？剧作家让他陷入要命的困境：他找到了告密者，而这个人正是他已经接受的岳父。他果决地要离开这个人的女儿，因为他绝对无法接受舒义海，偏偏这时舒兆欣遭遇难产。

"舒义海是个十足的小人，他不仅害了何爽，还害了芳芳，这事发生在1975年，严格来讲与'文革'没关系。梁尘追踪告密者的过程，与另外三个事件交织在一起：第一，他因私自惩罚舒义海被判劳教；第二，他与单红的关系从近到远，与单志衡的关系从远到近；尤其是第三，他与舒兆欣的关系从远到近，但这种'近'并不是与单志衡才有的那种亲近。

"在这些错综复杂的经历中，梁尘获得了对自我的认识，即认识到自己应该如何做人。舒兆欣心地善良，梁尘也是，但梁尘因天生的艺术气质没法喜欢舒兆欣。艺术气质才是剧中的关键隐情：何爽的艺术气质让她认识不到，一个人有艺术细胞不等于他有好的伦理品质。同样，梁尘的艺术气质让他没法爱上平常人性的善良。其实，艺术首先是一种技艺能力，包括细腻的感觉和表达感觉的技能，但这与性情的伦理品质的高与低是两回事，人们往往很难分辨两种不同性质的艺术感的差异。

"梁尘给自己与舒兆欣生的女儿取名'梁欣'，谁都容易听成'良心'。唯有'良心'会惩恶扬善，这部作品最后没有惩恶，但通篇都在扬善，这就够了。剧作家让我们看到，在那个为了'大治'而'大乱'的年代，即便世间恶相呈现太多，心地善良的人仍然是多数。

"梁尘娶舒兆欣是出于感激之情,正如单红最终接受舒兆远是出于感激之情。尽管如此,梁尘放弃单红选择舒兆欣,我们会觉得他多少有点儿懦弱。毕竟,何爽为杜拉克草而死,梁尘放弃杜拉克草,等于否定了何爽的生命原则。但剧作家让梁尘最后以画外音的方式说:杜拉克草不是杜撰,她一定生长在世上的某个地方。这意味着梁尘最终没有否定何爽的生命原则,而是将这个原则深深埋进了自己的心底。心中有杜拉克草,才会对个体性情的高贵与低劣、优异与平庸的区分有感觉,而今天我们对这种感觉的感觉甚至不及那个……"

一只温厚的手掌轻轻拍了拍我的肩头。我回头一看,原来是舒炜,他提示我得赶在散场之前离开。

离开韬奋中心时,经过一段幽暗的走廊通道,我看见《读书》编辑部还亮着灯光,八成是某位编辑在加班"砍"稿子。这时我才意识到,《读书》的历史早就翻页了。

回来的路上我一直在想,那位不仅眉目清爽而且头脑也清爽的老太太好面熟,却又始终想不起是谁。出租车快到四通桥时我才猛然想起:她与《记恋冬妮娅》中那个跳塘自杀的女孩子长得太像了……

2018 年 12 月

走出伤痕思维

——《三联生活周刊》访谈

[《三联生活周刊》编者按]二十一世纪初以来,政治哲学研究在中国兴起,并获得如此之大的影响,与刘小枫教授的工作密不可分。本刊围绕"思想与时代"这一主题,请刘小枫教授回顾了自己四十年来的学习和研究经历。他让我们看到,在"改革开放"的历史背景下,对思想史研究需要承担的关键任务的认知与践行过程,古典学传统的政治哲学如何与中国面对的现代性问题,乃至中国自身的政治哲学渊源汇聚到一起。

三联生活周刊:您在 1978 年上大学,自己的学业与"改革开放"同年起步,您一定还记得这个不寻常的年份。

刘小枫:的确难忘。我 1974 年高中毕业后随即作为知识青年下乡,当时抱定的信念是"扎根农村一辈子",村里的农民纷纷打量我是否可能做谁家的女婿。差不多两年左右,我学会了所有农活,成了与农民一样的标准劳力。这时我才明白,毛主席并非真要我"扎根农村",而是要我认识中国的土地。所以,认识土地后,我开始自学古代汉语和音乐,迷上了拉小提琴。

当时实行"顶替"工作制,即父母退休,儿女才可以获得一个工作岗位。我父亲在文化局系统工作,他退休后,我就"顶替"进了文化局属下的市立图书馆。这个图书馆于1946年建馆,为纪念一年前去世的罗斯福,因此名为"罗斯福图书馆"。当时的馆长在1949年跑去了美国,做了美国国会图书馆东方部的主任。二十多年来,他锲而不舍地给重庆图书馆寄资料,主要是美国的期刊(如《时代周刊》、《图书出版通讯》)和联合国教科文组织的各类科技出版物。

一 惶惑中的求索

三联生活周刊:您以美学研究以及对德国浪漫派哲学的研读作为进入学术领域的起点,与这段经历有关吧。今天您如何评价自己的两部早期著作《诗化哲学》和《拯救与逍遥》?

刘小枫:我最初喜欢文学,从陀思妥耶夫斯基的回忆录中我得知,要成为好的小说家,先得学好哲学。我找到一本《大众哲学》来读,没有读懂,不明就里地觉得哲学乏味,从此就不再理会任何哲学书。其实,如果当时我注意到陀思妥耶夫斯基自己读的什么哲学书,那么,我就不会不幸地走二十年弯路,因为,陀思妥耶夫斯基说,他最喜欢读柏拉图。

《诗化哲学》和《拯救与逍遥》是完全不同的探索,前者是学位论文,仅仅关注启蒙运动之后德意志学界为何会出现美学热,而英国和法国并没有这样的美学热。这一思想史问题过于复杂,如果我当时就能读到施米特的《政治的浪漫派》,我的认识就不会那么简单、平面。在1980年代初,不仅我本人,整个中国学界的学术视野都还非常狭窄。

《拯救与逍遥》开阔得多,它勇闯中国思想面临的世纪性难题,即中国学人应该如何认识西方文明。李泽厚先生说,他若年轻三十岁就会研究刘小枫。不少人把这话读作对我的莫大褒奖,纯属误读。李先生的意思是:你们瞧,刘小枫在《拯救与逍遥》中抨击儒道释,现在又成了中国古代文明思想的卫道士,不是自己反对自己嘛。研究刘小枫除了让他的立场前后矛盾暴露于光天化日之下,不会有别的什么意义。

如果一个人仅仅关切中国思想面临的真问题本身,那他就不会看重自己如何被人评说。谁若能看到《拯救与逍遥》的攻击矛头指向现代中国思想界的各色新儒家,他也不会喜滋滋地以为,1998年之后的刘小枫在反对1988年的刘小枫。

沃格林是最近一位西方历史哲学大家,他超越了自己的前人,而且迄今无人出其右。在他看来,犹太-基督教思想作为文明受害者的精神经验表达,在超越层面的突破甚至古希腊哲学智慧也无法比拟。谁若认真读过他那部厚重的《以色列与启示》,他就会懂得,《拯救与逍遥》的思想史含义与个人无关。

三联生活周刊:您在瑞士求学以及在香港从事研究十余年,学术兴趣为什么逐步从基督教思想史转向了社会理论? 1998年出版《现代性社会理论绪论》前后,您如何认知现代性问题之于二十世纪中国历史的意义?

刘小枫:我的学术兴趣没有从基督教思想史转向社会理论这回事,《拯救与逍遥》之后,我同时研究基督教理论和社会理论,因此博士论文题目坚定地选择了舍勒,而我的博士导师以凭靠海德格尔哲学发挥神学见长。

严格来讲,我当时关注的也是基督教神学理论,而非基督教思想史。舍勒既是哲学家、社会理论家,又是基督教精神的现代传人。他致力于让传统的基督教精神与现代的学问样式结合起来,这让我入迷。当时,我觉得自己面临的首要课题是,搞清现代西方的思想大家如何面对现代性问题。今天的人们应该知道,1990年代初,全球学界出现了"现代化问题热",所谓的亚洲"四小龙"就像如今的"中国崛起"一样受人关注。

对时髦的议题,我一向有出自本能的警惕,喜欢趁机探个究竟。毕竟,1970年代的经历让我记得,切莫跟着时髦议题发言,否则容易犯错。

二 古典政治哲学与新世纪的中国学术

三联生活周刊:您何时注意到施特劳斯其人及其学说,并意识到其不可忽视的重要性?您在《刺猬的温顺》中批评伯林是否有针对现实的意味?您认为上世纪八十年代以来中国本土的自由主义话语,尤其是对罗尔斯及其学说的褒扬,存在的最大问题是什么?

刘小枫:1990年代末,我研究施米特时遇到迈尔的《隐匿的对话》,让我开始重视施特劳斯。不过,朗佩特的《施特劳斯与尼采》才让我彻底开窍,直接催生了《尼采的微言大义》。我向好些朋友推荐过这本书,尽管我完全不赞同朗佩特对尼采的颂扬和对施特劳斯的批评。朗佩特认为,尼采持守了真正的哲学即*自然哲学*,向现代物理学欢呼致敬;我则认为,美国的施特劳斯弟子,无论门内还是门外的,大多没有看到施特劳斯的核心关切是*学人品质*的败坏问题。

朗佩特来北京讲学时,我同他交换过看法。我很喜欢朗佩特这个人,他作为哲人心地非常清纯,文笔也很好。

中国本土的自由主义话语的最大问题与此有关,但我们需要理解这种话语产生的土壤。1980年代初,"伤痕文学"很热,我们养成了伤痕思维习惯,而且迄今没有走出这种习惯。不应该忘记伤痕,但要正确看待自己身上的伤痕,做到这一点的确不容易。我自己长期是个伤痕主义者,西方和中国的古典思想才让我更好地理解个人乃至国家身上的历史创伤。

三联生活周刊:您如何看待二十一世纪初兴起的政治哲学研究趋势,特别是施特劳斯如此受欢迎的现象?施特劳斯的古典政治哲学路径如何与中国面临的现代性考验擦出火花?

刘小枫:晚近二十年来的确出现了政治哲学研究趋势,但恐怕不能说"施特劳斯如此受欢迎"。恰恰相反,犹疑、抵触、反感甚至憎恶者更多。让人感到好奇的现象毋宁是:为什么我们对海德格尔、福柯、伯林更不用说罗尔斯从来没有滋生过犹疑、抵触、反感惶论憎恶。这个现象说明了什么呢?对此我很好奇,也想不明白。

三联生活周刊:在您看来,施特劳斯、施米特、科耶夫这三位二十世纪大哲的学术路径分别对应着当前中国的哪些现实需求?

刘小枫:我不认为科耶夫足以与施特劳斯和施米特相提并论,差得太远。他极为聪明,但他的主要兴趣在实际政治方面。就"大哲"而言,沃格林足以取代他。施米特也算不上"大哲",毋宁说他是伟大的政治思想家。

您一定惊诧我竟然用到"伟大的"这个形容词。没错,我钦佩施米特头脑清醒,勇于面对时代困境引致的思想难题。作为法学思想家,他不仅有正义感,还有一颗**诗人般的善感之心**。我刚编完一本文集《施米特与破碎时代的诗人》,不久会面世,其中的一篇访谈让我感动:他心灵上的伤痕比我多比我深。这颗灵魂上的伤痕并非个人性的,而是作为一个**文明民族**的德国身上的伤痕。

我对自己的研究生们说过,你们的博导是施特劳斯、施米特和沃格林,我仅仅是他们的**助教**。可以聘尼采为副教授,其他人就算了,名额有限。

聘这三位当博导,与我自己所看到的现实问题相关。凡**好学之人**首先需要搞清楚何谓以及**应该如何**"好学",施特劳斯在这方面是最好的老师。好学的热情都置身于现实的政治处境,而政治处境从来就极为复杂难辨。

如果我们愿意辨识处境,而非对政治问题头脑简单,那么,施米特是好老师,他的思想经验从正反两方面来看都难能可贵。理解现实的政治处境,尤其需要培养具有正确辨识能力的眼光,或者说需要历史感与超历史感混合的眼光。如何把**政治思想史**与**政治史**关联起来,而且具有世界文明的视野,沃格林是再好不过的老师,尽管他的表述方式实在不敢恭维。

三 "经典与解释"丛书与中国学术的未来

三联生活周刊:您的学术生涯大部分时间在从事西学经

典诠释,为何最近十几年越来越频繁地尝试回到中国古典政治哲学?您希望建构或贯通某种学"统"吗?如果是的话,那么你面临的最大挑战和困难又是什么?

刘小枫:《拯救与逍遥》断然拒绝种种现代式的回归中国古典的路径,不等于置身现代的我们无需回归中国的古典。问题仅仅在于,如何回归中国的古典。如果您认为我最近十几年越来越频繁地尝试回归中国的古典,那么,这仅仅表明我跟随施特劳斯学习如何回归古典有了长进。

我对建构或贯通什么学"统"之类毫无兴趣,要说最大的挑战和困难,都与自己的求索相关,说出来也没什么意思。

三联生活周刊:"经典与解释"书系已经出版五百余种,您认为这一翻译工程的最大价值何在?

刘小枫:这个问题不应该由我这个当事人来回答,俗话说,让历史去回答吧。我仅能说,自己的期许是,"夯实"中国学术思想的基础。"改革开放"以来,我国学界的心力几乎全部扑向西方的当代学术即二十世纪以来的学术,1960年代尚存研究西方现代早期即十六至十八世纪思想的学术力量,如今几乎荡然无存。

整全地认识西方文明思想传统,是中国学界面临的历史性任务,"改革开放"给我们带来了越来越好的生活条件,如果我不赶紧做些实实在在的事情,真觉得对不起前人经受的磨难。聂荣臻元帅曾问周恩来总理为何如此拼命干活,他的回答是：他身边有太多战友非常年轻就遇难，他要用加倍工作来替难友们实现对中国的热爱。这话让我刻骨铭心，也让我想起二十世纪的中国学界，同样有太多在学术上牺牲了的前辈。

三联生活周刊：您认为包括您在内的"改革开放"以来的第一代政治思想史学者尝试认知并应对的最大问题是什么？二十一世纪初的这一代学者又需要认知何种问题？

刘小枫：您所说的"第一代政治思想史学者"是谁？有这样一批人吗？据我所知，深入政治思想史的学者并不多，有也心向各异，没法笼统谈他们尝试认识和应对的最大问题是什么。

至于二十一世纪初的一代学者，他们都有各自的精神和学问上的导师，因此您的最后一个问题无需我来代替他们回答。谢谢您。

图书在版编目(CIP)数据

百年共和之义/刘小枫著.
--上海:华东师范大学出版社,2015.5
ISBN 978-7-5675-3267-0

Ⅰ.①百… Ⅱ.①刘… Ⅲ.①中国历史-近代史-文集
②中国历史-现代史-文集 Ⅳ.①K250.7-53

中国版本图书馆 CIP 数据核字(2015)第 056854 号

华东师范大学出版社六点分社
企划人 倪为国

本书著作权、版式和装帧设计受世界版权公约和中华人民共和国著作权法保护

六点评论
百年共和之义[增订本]

著　者　刘小枫
责任编辑　彭文曼
封面设计　卢晓红

出版发行　华东师范大学出版社
社　　址　上海市中山北路3663号　邮编　200062
网　　址　www.ecnupress.com.cn
电　　话　021-60821666　行政传真　021-62572105
客服电话　021-62865537　门市(邮购)电话　021-62869887
地　　址　上海市中山北路3663号华东师范大学校内先锋路口
网　　店　http://hdsdcbs.tmall.com

印 刷 者　上海盛隆印务有限公司
开　　本　850×1168　1/32
插　　页　4
印　　张　9.25
字　　数　138千字
版　　次　2015年5月第1版
印　　次　2019年7月第2次
书　　号　ISBN 978-7-5675-3267-0/G·8079
定　　价　58.00元

出版人　王焰

(如发现本版图书有印订质量问题,请寄回本社客户中心调换或电话021-62865537联系)